U0601641

阅读　你的生活

“第二个结合”与中华民族现代文明

臧峰宇——著

中国人民大学出版社
·北京·

目　录

导　论

党的十八大以来，习近平总书记强调文化自信和文化传承发展的重要意义，深刻总结了新时代党领导文化建设的实践经验，明确了新时代文化建设的路线图和任务书，形成了习近平文化思想。习近平文化思想有力体现了马克思主义基本原理同中华优秀传统文化相结合所巩固的文化主体性，体现了明体达用、体用贯通的科学方法，体现了我们党在传承中华优秀传统文化中推进文化创新的高度自觉，为我们深入了解中华文明史的总体进程、掌握坚持“两个结合”的科学方法、努力建设中华民族现代文明提供了科学理论指南。2023 年 6 月 2 日，习近平总书记在文化传承发展座谈会上发表重要讲话，站在中华民族伟大复兴和中华文明永续发展的战略高度，深刻阐述了中华文明的突出特性，强调“第二个结合”是又一次的思想解放，提出更好担负起新的文化使命。这是在新的起点上继续推动文化繁荣、建设文化强国、建设中华民族现代文明的纲领性文献，是我们深刻把握中华优秀传统文化绵延五千年的独特价值体系，深刻理解马克思主义基本原理同中华优秀传统文化相结合的内在机理，以新的文化使命努力建设中华民族现代文明的根本遵循。

一、文化传承发展的实践逻辑

首先，中华文明的突出特性是由中华优秀传统文化很多重要元素共同塑造的，具体体现为连续性、创新性、统一性、包容性与和平性。绵延五千年的中华文明具有丰富的思想内涵，在多民族融合并吸收外来文明的演进过程中形成了多元一体的格局，呈现出文明发展进步的规律性特征。作为世界上唯一没有中断的文明，中华文明具有突出的历史连续性，这是我们理解古代中国、现代中国和未来中国的要径。中华民族具有守正不守旧、尊古不复古的进取精神，具有不惧新挑战、勇于接受新事物的无畏品格，正是中华文明的创新性使然。中华文明具有“大一统”的传统，强调国家统一，这种统一性使各民族文化融为一体，形成了国土不可分、国家不可乱、民族不可散、文明不可断的共同信念。中华民族交往交流交融的历史取向体现了中华文明的包容性，正是这种包容性使各宗教信仰多元和谐并存，使开放的中华文化对世界文明兼收并蓄。中华文明的和平性是在文明交流互鉴中凝结的，强调“己所不欲，勿施于人”，中国始终是世界和平的建设者、全球发展的贡献者、国际秩序的维护者。

全面深入了解中华文明史，是更有效地推动中华优秀传统文化创造性转化、创新性发展，更有力地推进中国特色社会主义文化建设，建设中华民族现代文明的前提。这就要搜集整理中华文明历经沧桑流传下来的宝贵的典籍版本，研究和挖掘经典文献中的思想精髓，将文化传承发展寓于中华民族的历史长河中，认识中华文明的悠久历史，感知中华文化的博大精深，在继承优良传统的基础上集思广益，充分彰显传承民族文化的意愿和能力，展现中华优秀传统文化的永久魅力和时代风采。贯通历史、现在和未来，以中华文明的主体性创造属于我们这个时代的新文化，以历史主动精神彰显中华民族在走向复兴进程中的文化自我。

其次，马克思主义基本原理同中国具体实际、同中华优秀传统文化相结合，是我们在五千多年中华文明深厚基础上开辟和发展中国特色社会主义的必由之路。马克思主义同中华优秀传统文化相结合是一个走过百余年历程的历史事实，同中国具体实际相结合的马克思主义的每一表现都带有中国的特性，都体现出中华民族的文化形式。马克思主义同中华优秀传统文化相结合，具有深刻的内在机理，体现了我们党在探索中国特色社会主义道路中得出的规律性认识。中华优秀传统文化中的人性观、唯物论、辩证法与马克思主义有颇多内在契合之处，马克思主义在中国的百年传播赋予“知行合一”“天下为公”等理念以时代新义。马克思主义同中华优秀传统文化相结合，造就了一个有机统一的新的文化生命体，使马克思主义具有中国风格和中国气派，使中华优秀传统文化具有现代精神，由此形成的中华民族的新文化成为中国式现代化的文化形态。

马克思主义同中华优秀传统文化相结合，赋予中国式现代化以明确的任务和文化特质，使中华优秀传统文化及其实践转化彰显现代力量。我们党团结带领人民在实践中进行文化创造，让中国特色社会主义道路有了更加宏阔深远的历史纵深。正是马克思主义同中华优秀传统文化相结合，使我们具有历史自信和文化自信，掌握了思想和文化主动，使中国特色社会主义文化实际作用于我们的道路、理论和制度，在面向未来的道路上实现理论和制度创新，映现出文化主体性。习近平新时代中国特色社会主义思想是马克思主义同中华优秀传统文化相结合所巩固的文化主体性的最有力体现，深刻彰显了马克思主义中国化时代化历史经验和中华文明发展规律，体现了我们党在传承中华优秀传统文化中推进文化创新的高度自觉。

再次，在新时代新征程上，我们要更好地担负起新的文化使命，不断深化对文化建设的规律性认识。今天，文化日益成为民族凝聚力和创造力的源泉与综合国力竞争的要素，文化自信越来越成为一个民族承载自身精神力量的思想标识。我们党把文化建设摆在全局工作的重要位置，立足中华民族伟大历史实践和当代实践，以历史主动精神彰显中华民族在走向复兴进程中的文化自我，不断推动马克思主义同中华优秀传统文化相结合，不断推动中华优秀传统文化创造性转化、创新性发展，筑牢中国式现代化的文化根基。我们党的历史自信、文化自信达到了新高度，彰显了中华民族最深层的精神追求，凸显了中华民族独特的精神标识，呈现了强国建设、民族复兴的强大精神动力。

新时代新征程，我们要深刻理解党领导文化建设的历史经验，坚定文化自信，秉持开放包容，坚持守正创新，深入探究新时代中国特色社会主义文化发展进程中呈现的固有的、本质的、必然的联系，深刻理解中国文化发展的内在结构，从内在规律层面探究文化传承发展的实践逻辑。我们要坚持学以致用，用中国道理总结好中国经验，把中国经验提升为中国理论，以守正创新的正气和锐气，展现中华文化生生不息、欣欣向荣的生命力，在中国式现代化与人类文明新形态的实践中不断培育和创造新时代中国特色社会主义文化，秉持体现中国风格和中国气派的文化定力，以新的文化使命努力建设中华民族现代文明。

二、"结合"打开了创新空间

习近平总书记指出："'结合'打开了创新空间。……'第二个结合'让我们掌握了思想和文化主动，并有力地作用于道路、理论和制度。"① 马克思主义是我们立党立国、兴党兴国的根本指导思想，源远流长、博大精深的中华优秀传统文化是中华文明的智慧结晶。马克思主义和中华优秀传统文化相互契合、有机结合，造就了

① 习近平：《在文化传承发展座谈会上的讲话》，《求是》2023年第17期。

一个有机统一的新的文化生命体。这本身就是一个重大创新，同时也开拓了理论创新和实践创新的宽广场域。

不忘历史才能开辟未来，善于继承才能善于创新。道路、理论和制度都是在借鉴吸收前人已有成果基础上不断向前发展的。以历史连续性理解古代中国、现代中国和未来中国，我们方能贯通历史、现在和未来，深刻认识到当代中国是历史中国的延续和发展。同时，任何有生命力的传统文化基因都会在时代发展中实现自我更新，彰显时代精神。将中华优秀传统文化中治国理政、修身处世、格物究理等丰富智慧和理念，注入今天我们正在经历的广泛深刻的社会变革之中，理论创新和实践创新就有了更深厚的根基，就会得到人民的拥护和支持。

文化体现的是深层次的精神追求和坚守。坚定文化自信，是事关民族精神独立性的大问题。我们党坚定历史自信、文化自信，坚持古为今用、推陈出新，坚持把马克思主义思想精髓同中华优秀传统文化精华贯通起来，同人民群众日用而不觉的共同价值观念融通起来，不断夯实马克思主义中国化时代化的历史基础和群众基础，使植根于中国历史文化沃土的马克思主义真理之树根深叶茂。这既使马克思主义彰显中国价值、中国智慧和中国精神，使其每一表现都带有中国的特性，又推动中华优秀传统文化创造性转化、创新性发展，使中华民族最基本的文化基因与当代文化相适应、与现代社会相协调。推进“第二个结合”，巩固了中华民族的精神独立性、文化主体性，让我们掌握思想和文化主动，具有高度文化自信，为我们在世界文化激荡中站稳脚跟打下坚实根基。

中国特色社会主义道路、理论和制度，是我们党在不断推进“两个结合”中开创和发展的，“结合”有力地作用于道路、理论和制度。“结合”筑牢了道路根基，使中国特色社会主义道路成为科学社会主义理论逻辑和中国社会发展历史逻辑的辩证统一，拓展了中国道路的文化根基。“结合”为我们党推进理论创新提供了根本途径，是中国化时代化马克思主义理论之树常青的奥妙所在。在推进“两个结合”中，党的理论创新之源更丰富，理论创新之力更强劲。“结合”也为中国特色社会主义制度和国家治理体系的构建与完善奠定了深厚基础。习近平总书记指出：“我们没有搞联邦制、邦联制，确立了单一制国家形式，实行民族区域自治制度，就是顺应向内凝聚、多元一体的中华民族发展大趋势，承继九州共贯、六合同风、四海一家的中国文化大一统传统。”① 可以说，“中国之制”深得人民拥护、切实有效管用，植根中国大地、具有深厚中华文化根基是其中的关键密码。

“第二个结合”是又一次的思想解放。历史表明，每一次思想解放都会释放出巨大创造力，都能有力推动社会发展和文明进步。我们要坚定历史自信、文化自信，充分激活并有效运用中华优秀传统文化中蕴含的宝贵而丰富的中国价值、中国智慧和中国精神，更好地推动中华优秀传统文化创造性转化、创新性发展，为理论和制度创新增添更多底气和智慧。

---

① 习近平：《在文化传承发展座谈会上的讲话》，《求是》2023 年第 17 期。

三、把握马克思主义中国化时代化的文化内涵

百余年来，同中国具体实际和中华优秀传统文化相结合的马克思主义与时俱进，我们党用马克思主义立场、观点和方法解决中国的实际问题，重振中华民族伟大复兴的信心，不断推进马克思主义中国化时代化。深刻理解马克思主义中国化时代化的文化内涵，要把握马克思主义基本原理同中华优秀传统文化相结合的实质，不断促进中华优秀传统文化的创造性转化和创新性发展。

首先，马克思主义基本原理与中华优秀传统文化是我们党与生俱来的文化基因。我们党是以马克思主义为指导建立起来的，始终将马克思主义写在自己的旗帜上，按照中国的特点运用马克思主义基本原理，在实际工作中“有的放矢”，彰显了马克思主义的真理性力量。我们党自成立起就肩负着实现中华民族伟大复兴的历史使命，通过中国革命、建设和改革的百年征程，现在我们比历史上任何时期都更接近中华民族伟大复兴的目标。作为中华优秀传统文化的忠实传承者和弘扬者，我们党强调用马克思主义方法批判地继承历史遗产，赓续中华民族的精神血脉，在中国特色社会主义发展进程中实现中华优秀传统文化的复兴。

马克思主义同中华优秀传统文化具有颇多内在契合之处。中华民族在五千多年的历史长河中形成了讲仁爱、重民本、守诚信、崇正义、尚和合、求大同的文化传统，倡导“天下为公”，注重“知

行合一”，论证“相反相成”，彰显了实践的思维方式和大同的社会理想。马克思主义哲学颠覆了传统形而上学思维方式，以历史唯物主义和唯物辩证法归纳人类社会发展规律，倡导旨在实现人类解放的有原则高度的实践，努力构建每个人自由而全面发展的理想社会。马克思主义思维方法和价值理念与中华优秀传统文化相融相通，这是马克思主义在中国广为传播并得到具体化的文化前提。

其次，马克思主义基本原理同中华优秀传统文化相结合，形成了马克思主义的中国文化性格。诞生于欧洲的马克思主义是在继承和创造人类文明的进程中形成与发展的，反映了自然界、人类社会和人类思维发展的一般规律。马克思主义在中国生根发芽、开花结果，就要同中国具体实际和中华优秀传统文化相结合，使之在每一表现中都带有中国的特性。从中国文化发展的实际出发，在实践中理解马克思主义的精髓，才能真正掌握马克思主义观点和方法。

正如黑格尔所说：“只有当一个民族用自己的语言掌握了一门科学，我们才能说这门科学属于这个民族了。”① 马克思主义与中华优秀传统文化相结合形成了与时俱进的中国话语。毛泽东同志将《汉书·河间献王传》中的“实事求是”重释为研究客观存在的一切事物的内部规律性，强调“共产党员应是实事求是的模范”。邓小平同志用《礼记》中的“小康”阐明中国式的现代化，强调“小康之家”不同于西方的现代化，描绘了分三步走，全面建设小康社会，基本实现现代化的蓝图。习近平总书记对古代典籍中的经典名

---

① ［德］黑格尔：《哲学史讲演录》第 4 卷，贺麟、王太庆译，北京：商务印书馆，1978 年，第 187 页。

句运用自如，并赋予时代新义。例如，他以“治国犹如栽树，本根不摇则枝叶茂荣”强调治国理政要以坚持中国共产党领导和中国特色社会主义制度为根本，以“但愿苍生俱饱暖，不辞辛苦出山林”彰显以人民为中心的发展理念，以“己所不欲，勿施于人”阐述处理国际关系的重要原则，丰富了中华优秀传统文化的时代内涵。

再次，马克思主义基本原理同中华优秀传统文化相结合，实现了中华优秀传统文化的创造性转化和创新性发展。我们党秉持马克思主义基本原理，坚守马克思主义中国化时代化的“魂脉”和“根脉”，将中华优秀传统文化视为中华民族最深厚的文化软实力，并结合时代条件为其注入科学理性思维，使之从前现代走向现代。既要看到五四以来的新文化与中国传统文化的差别，也要看到中华优秀传统文化、红色革命文化与社会主义先进文化的内在贯通之处，由此方能理解中华文化发展一脉相承且与时俱进的历程，坚定文化自信，更好地实现中国特色社会主义文化繁荣兴盛。

进一步推进中华优秀传统文化的创造性转化和创新性发展，要以当代中国马克思主义为指导，顺应历史发展潮流，根据社会发展需要，促进中华优秀传统文化的时代创新，做出与时俱进的新阐释。中华优秀传统文化是面向世界、面向现代化、面向未来的，这就要使之与当今社会相适应，与现代文明相协同，为中国式现代化提供深厚的文化滋养；就要汲取世界各民族文化的长处，在保持中华文化独特性的同时，促进文明交流互鉴，实现符合时代精神的文化的自我超越；就要着眼于当今人类共同面对的全球性问题，提出促进人类未来发展和文明进步的中国方案，使之满足人民群众追求美好生活的需要。

“欲流之远者，必浚其泉源。”一个民族的文化源远流长，方可彰显自信的底气。实现中国特色社会主义文化繁荣兴盛，要把握马克思主义基本原理同中华优秀传统文化相结合的实质，理解中华优秀传统文化绵延数千年的独特价值体系，使之得到创造性转化和创新性发展。新时代新征程，进一步丰富马克思主义中国化的文化内涵，使之促进中国式现代化的实践探索，在中华民族伟大复兴的新征程上彰显马克思主义的中国气派，努力建设中华民族现代文明，是发展中国马克思主义理论与推进中国特色社会主义事业的双重需要。

第一章　以新的思想解放破解“古今中西之争”

《诗经》有云：“周虽旧邦，其命维新”，冯友兰先生将其重述为“旧邦新命”，认为“就现在来说，中国就是旧邦而有新命，新命就是现代化”[①]。中国式现代化是中华民族旧邦新命的实践形态，“新命”体现了具有历史连续性的中华文明的现代重塑，是通过马克思主义基本原理同中国具体实际相结合、同中华优秀传统文化相结合实现的。习近平总书记在文化传承发展座谈会上指出：“‘第二个结合’是又一次的思想解放，让我们能够在更广阔的文化空间中，充分运用中华优秀传统文化的宝贵资源，探索面向未来的理论和制度创新。”[②] 以思想和文化主动阐扬同马克思主义基本原理相结合的中华优秀传统文化的永恒魅力和时代风采，探究其何以为中国式现代化提供了丰富的文化滋养，首先要回溯现代化进程中的

① 冯友兰：《三松堂自序》，北京：三联书店，2021 年，第 334 页。

② 习近平：《在文化传承发展座谈会上的讲话》，《求是》2023 年第 17 期。

“古今中西之争”，深思在中国式现代化进程中实现文化综合创新的必要性和可能性。

一、破解现代化进程中的“古今中西之争”

近代中西文化比较在很大程度上体现为一种古今比较，彼时体现农耕文明特征的中国传统文化在面对启蒙以来的西方现代文化时陷入东方从属于西方的境遇。面对三千年未有之大变局，近代中国思想解放伴随着“古今中西之争”，伴随着对文化保守主义和文化激进主义的反思，中西之争实乃主张文化全盘西化与坚持文化本位主义之争，在很大程度上体现为古今之争，其间必然表现为传统与现代的冲突。在深切批判专制迷信、反对旧道德与旧文学的浪潮中，倡导科学与民主的新文化运动对“古今中西之争”做出了回答，“赛先生”和“德先生”的意义超出了科学知识或治理原则的范畴，具有使民众摆脱蒙昧的文化价值。其间亦有折中的“中体西用”之谓。学界逐渐在走出中西差异或古今对立的思维模式中论证中国文化应当展现的现代图景，在现实情境中对中华优秀传统文化如何实现现代转化加以内在反思。

对任何有生命力的文明而言，古今之争都是一种世界性的普遍问题。文化传统是一种生成着的实体，是与一个时代的生产方式相适应的观念体系，是面向未来流动的活水。文化传统的生成总是反映着经济社会发展进程，体现为在现代化途中受现实历史影响的文化传承发展过程，体现为一个民族和国家在不同历史阶段延展的文化精神，深层体现为塑造具有世界意义的哲学形态。文化传统具有很强的稳定性，彰显了民族文化的标识，既表现在观念层面，也对日常生活具有现实影响力。

哲学是时代精神的精华与文明的活的灵魂，古今中西之争反映在中国近代哲学论争中，并促进了近代以来中国哲学的发展。在冯契先生看来，"中国近代的'古今、中西'之争是'中国向何处去'这一时代中心问题在政治思想领域的反映，它制约着哲学的演变。随着社会实践的发展，通过'古今、中西'的相互作用，中国近代哲学论争主要在四个方面展开，即历史观（以及一般发展观）问题，认识论上的知行问题，逻辑和方法论问题，关于人的自由和如何培养理想人格问题"①。近代以来中国哲学在上述方面的发展是中华优秀传统文化创造性转化、创新性发展的深层次反映。

毛泽东在《新民主主义论》这篇发表在《中国文化》创刊号上的"对一百年来困扰着中国人的'中国向何处去'的问题做了一个历史的总结"的文本中阐明："我们不但要把一个政治上受压迫、经济上受剥削的中国，变为一个政治上自由和经济上繁荣的中国，而且要把一个被旧文化统治因而愚昧落后的中国，变为一个被新文化统治因而文明先进的中国。"② 这种以新文化取代旧文化，并使之促进中国经济和政治发展的实践探索，使马克思主义在中国具体化，也使中国革命马克思主义化，使现代中国人以历史自信和文化自信走上中华民族伟大复兴之路，使中国马克思主义哲学在中国革命、建设、改革和新时代伟大变革中获得既一脉相承又与时俱进的发展。

---

① 冯契：《古今、中西之争与中国近代哲学革命》，《上海社会科学院学术季刊》1985 年第 1 期。

② 《毛泽东选集》第 2 卷，北京：人民出版社，1991 年，第 663 页。

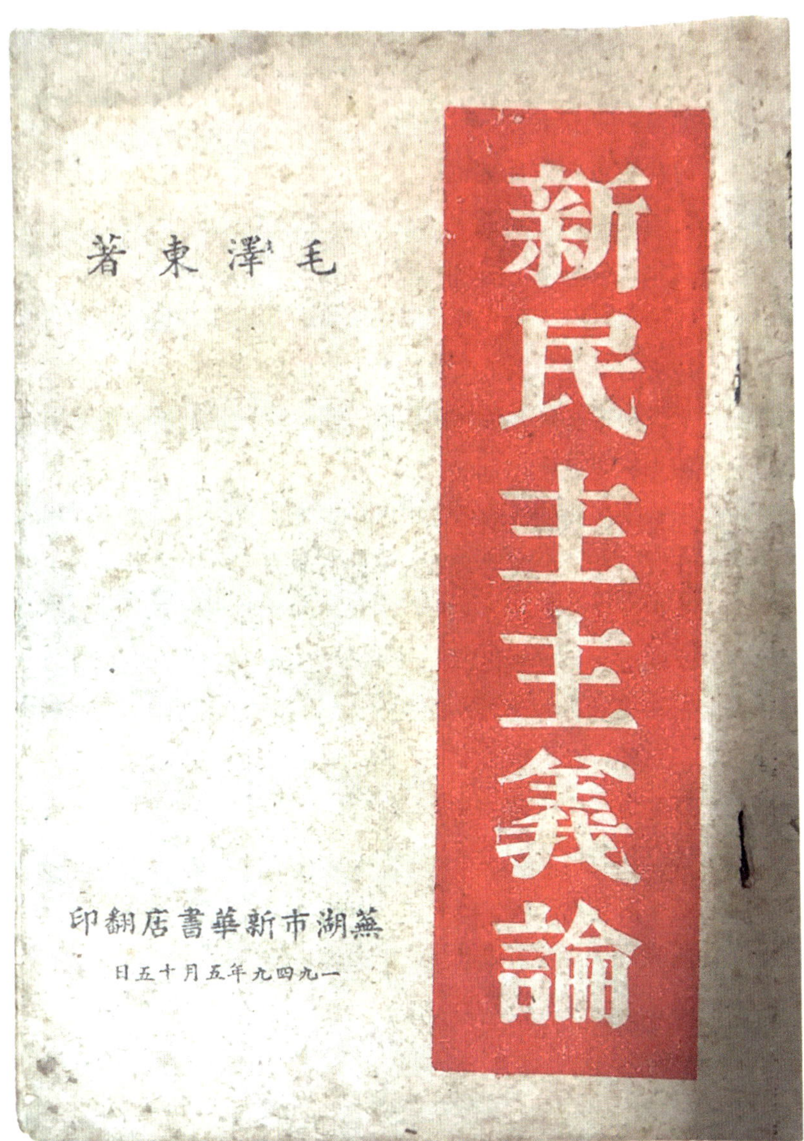
新民主主義論
毛澤東著
蕪湖市新華書店翻印
一九四九年五月十五日

百余年来，同马克思主义基本原理相结合的中华优秀传统文化不断实现创造性转化、创新性发展，成为建构中国自主知识体系的基础。正如习近平总书记所指出的：“经过长期努力，我们比以往任何一个时代都更有条件破解‘古今中西之争’，也比以往任何一个时代都更迫切需要一批熔铸古今、汇通中西的文化成果。”[①] 今天，中西文化比较在学术层面上更多体现为合作式对话、互镜式学习、共生式融通，在文明交流互鉴中使我们更好地理解民族文化自我，在对话与会通中拓展了文化传承发展的空间。这一空间的实践场域是传承发展中华优秀传统文化的中国式现代化，确证了“第二个结合”的现实必要性。

在中国式现代化的实践创造中理解中华优秀传统文化实现现代转化的内在逻辑，就会激活文化传统的生命力，并为之赋予时代内涵，将古今中西之争转换为文化古今相通与文明交流互鉴，以交融会通的方式促进文化“涵化”。在费孝通先生看来，“中华文明的结构和机制，在漫长的岁月中，经过一代代先人在实践中不断地探索、积累、完善，已经形成了一套相当成熟的协调模式”，“充分体现了古人高度的政治智慧和中华民族深厚的文化底蕴”[②]。中华优秀传统文化是我们创造新文化的来源之一，是建设中华民族现代文明的起点，我们要以文化自信彰显百余年来在苦难辉煌中汇聚的民族自立自强的精神力量，建设社会主义文化强国。

---

① 习近平：《在文化传承发展座谈会上的讲话》，《求是》2023 年第 17 期。

② 费孝通：《孔林片思：论文化自觉》，北京：三联书店，2021 年，第 211 页。

二、“第二个结合”与中国式现代化的文化根基

马克思主义基本原理同中华优秀传统文化相结合，使马克思主义获得中国文化性格，亦使中华优秀传统文化实现现代转化。“结合”的前提是，这两种来源不同的观念体系存在高度的契合性。这种契合反映了文明交流互鉴基础上的一种会通，我们从莱布尼茨、白晋、伏尔泰等欧洲思想家对儒家思想的认同中可见一斑。正是彼此契合的两种来源不同的观念体系在中国式现代化的实践探索中产生了“化学反应”，在有机结合中产生了一种新文化，拓展了中国特色社会主义道路的文化根基。

首先，中华优秀传统文化崇尚践履和躬行，与马克思主义实践的思维方式颇为契合。在章太炎看来，“国民常性，所察在政事日用，所务在工商耕稼。志尽于有生，语绝于无验”①。马克思指出：“真理的彼岸世界消逝以后，历史的任务就是确立此岸世界的真理。”② 哲学研究的目的不仅仅在于解析现实生活，更在于解决时代问题，思想的直接现实性在马克思主义哲学中国化进程中得到高度强调。可以说，重视知行合一与实践的思维方式是马克思主义与中华优秀传统文化的重要交汇点。

其次，马克思主义哲学强调人的社会性规定，与中华优秀传

① 《章太炎全集》第4卷，上海：上海人民出版社，1985年，第195页。

② 《马克思恩格斯选集》第1卷，北京：人民出版社，2012年，第2页。

统文化强调人的现实超越性内在契合。中国古代思想家在探究人性善恶之初始规定的同时，重视后天习得中的“日生则日成”，正是实践中的求索使“性相近”的个体“习相远”，弘毅者以良知良能成己成物。马克思强调作为总体的人占有自己全面的本质，强调人的本质的现实性是在实践中塑造的。在现实的关系域中理解人与其所处的社会环境，思考人的发展与环境的改变的一致性，是马克思主义与中华优秀传统文化关于人性及其实践生成的共有观念。

再次，中华优秀传统文化中的辩证法与马克思主义辩证法有内在契合之处，强调万事万物的变化与矛盾双方的相反相成。儒家主张“生生之谓易”，“一阴一阳之谓道”，揭示了变与不变的辩证法。马克思强调辩证法揭示的乃是内在的自我否定性，是一种生命原则和存在方式，其作为思维方法的特质是批判的、革命的。以唯物辩证法重释道立于两、和合共生、物极必反的时代内涵，反映了中国马克思主义哲学的辩证特质与实践内涵，呈现了马克思主义辩证法的中国语境。

最后，儒家孜孜以求的“大同”社会与马克思展望的未来理想社会内在契合，可谓大道相通。在马克思看来，未来理想社会是一种“真正的共同体”，其中每个人的自由发展是一切人自由发展的条件。大道之行、天下为公的社会素为中国古代先贤所向往，被描述为讲信修睦的“太平世”。可以说，“儒家的‘大同’理想，构成社会主义思潮在中国传播的深厚而适宜的文化土壤。作为马克思学说的共产主义，其社会理想同中国古代儒家的理想社会之间具有某种兼容的性质”[①]。中国先进知识分子在接受马克思主义时有一种文化的“前见”，实则是追求理想社会层面的文化认同，深刻体现了马克思主义中国化的价值目的。

马克思主义基本原理同中华优秀传统文化的契合是其结合的前提，在结合中形成的新文化是有机统一的生命体，这个有机统一的生命体是在实践中生成的。作为一个为实践所确证的历史事实，“第二个结合”在改变中华民族历史命运的过程中巩固了文化主体性。正是因为重视中国历史和文化遗产，重视中华优秀传统文化对中国社会结构、社会心理和人们价值观念的深刻影响，同中国具体实际相结合的马克思主义在思想和情感上为人们所接受，具有中国风格和中国气派，也使中华优秀传统文化实现现代转化。我们应当在坚持问题导向的实践中认识这一历史事实。百余年来，我们党在以历史唯物主义态度承继这份珍贵遗产的过程中，实现了马克思主义基本原理同中华优秀传统文化在解决问题的实践探索中深度结合，使中国特色社会主义道路有了更宏阔深远的历史纵深，并有力作用于中国特色社会主义理论和中国特色社会主义制度，使中华文明获得现代力量，亦使中国式现代化具有中华文明的深厚底蕴。

在中国式现代化进程中，我们的道路选择、理论创新和制度建构体现了文化引领。马克思主义哲学是一种面向实践敞开的富于实际的思想，中华优秀传统文化强调修己安人、内圣外王、修齐治平之道，二者皆为今日中国新文化之母体。中国特色社会主义文化来

---

① 何中华：《马克思与孔夫子：一个历史的相遇》，北京：中国人民大学出版社，2021 年，第 271 页。

自源远流长的中华优秀传统文化，是从我们党领导人民在革命、建设、改革中创造的革命文化和社会主义先进文化中熔铸而来的，体现了马克思主义基本原理同中华优秀传统文化相结合的理论特质。正如习近平总书记所指出的：“‘第二个结合’，是我们党对马克思主义中国化时代化历史经验的深刻总结，是对中华文明发展规律的深刻把握，表明我们党对中国道路、理论、制度的认识达到了新高度，表明我们党的历史自信、文化自信达到了新高度，表明我们党在传承中华优秀传统文化中推进文化创新的自觉性达到了新高度。”① 我们党以马克思主义为指导，在传承发展中华优秀传统文化的过程中选择发展道路，推动实践基础上的理论创新，用经过创造性转化和创新性发展的中华传统美德涵养现代人的情操，实现国家治理体系和治理能力现代化，建构中国特色社会主义制度文明，筑牢中国式现代化的文化根基。

三、旧邦新命：努力建设中华民族现代文明

今日之中国是具有五千年文明史的古老中国的当代存在，中国特色社会主义文明是在马克思主义中国化进程中形成的五千年未有之制度文明。在新时代新征程上，传承中华文化“阐旧邦以辅新命”的传统，回应世界对中国文化发展的期待，努力建设中华民族

① 习近平：《在文化传承发展座谈会上的讲话》，《求是》2023 年第 17 期。

现代文明，不仅要秉持时代精神，补充、拓展和完善中华优秀传统文化的内涵，增强其影响力和感召力，而且要不断推进马克思主义中国化时代化，在实践中更新中华优秀传统文化既有的表现形式并激活其生命力。

为经济和政治所决定的文化之所以具有悠远绵长的力量，是因为其对经济和政治的反作用既具有直接现实性，又在一定程度上超越时空限制，从而发挥持久的作用。中华优秀传统文化创造性转化、创新性发展取决于时代条件和实践需要。传承发展中华优秀传统文化，不是固守传统，而是深刻理解现代中国文化发展过程、特质和趋势，实际发挥作用于中国式现代化的实践创造，努力建设中华民族现代文明。为此，要以历史连续性理解古代中国、现代中国和未来中国，认识到中华文明的突出特性是中华优秀传统文化很多重要元素共同塑造的。中华民族现代文明是五千年中华文明史的当代延续，从中华大地上长出来的中国式现代化赓续古老文明，基于中国国情和传统文化进行实践探索，体现了中华文明的返本开新。

只有走向历史的深处，才能看到更远的未来。历史上任何经济社会发展水平落后的民族都不可能凭借其优秀传统文化维系民族独立和文明进步，古希腊罗马时期北非、西亚遭到入侵而分裂是如此，拥有五千年文明史的中国在鸦片战争以后一度沦为半殖民地半封建社会也是如此。同马克思主义基本原理相结合的中华优秀传统文化只有在实践中转化为中国特色社会主义文明，才能产生现实的物质力量。正是一经诞生就把为中国人民谋幸福、为中华民族谋复兴确立为初心使命的中国共产党，团结带领人民在百余年实践探索中深刻改变了中华民族的前途和命运，实现了物质文明、政治文明、精神文明、生态文明、社会文明的持续发展，使中华优秀传统文化浴火重生，使中华文明绽放时代光彩。

努力建设中华民族现代文明，要以新的思想解放进一步巩固中华文化主体性，不断夯实马克思主义中国化的历史根基和文化根基。中华文明源远流长、欣欣向荣，塑造了中国人独特的精神世界和日用而不觉的价值观，形成了与世界各民族文明交流互鉴的中华民族共同体。以历史思维方式探究百余年来中华民族在经济社会发展进程中形成的社会心理、文化取向和主流价值追求，要深刻理解中华文明兼容并包、再生再造的精神特质，充分汲取中华优秀传统文化中正心诚意、修齐治平等立德化民和治国理政之道，把握其深远历史意义及对促进中国式现代化的启示。

作为中华文化和中国精神的时代精华，习近平新时代中国特色社会主义思想是马克思主义基本原理同中国具体实际和中华优秀传统文化相结合所巩固的文化主体性的最有力体现。党的十八大以来，习近平总书记强调：“文化自信，是更基础、更广泛、更深厚的自信，是更基本、更深沉、更持久的力量。”① 作为改革开放以来我们取得一切成绩和进步的根本原因之一，中国特色社会主义文化与中国特色社会主义道路、中国特色社会主义理论体系和中国特色社会主义制度共同构成了中国特色社会主义的基本结构，具有重

---

① 《习近平谈治国理政》第 2 卷，北京：外文出版社，2017 年，第 349 页。

要的理论内涵和现实价值。今天，同马克思主义基本原理相结合并经过创造性转化与创新性发展的中华优秀传统文化成为现代中国人思维方式、价值观念和生活方式的构成要素，打开了更为广阔的创新发展空间。“马克思主义中国化时代化这个重大命题本身就决定，我们决不能抛弃马克思主义这个魂脉，决不能抛弃中华优秀传统文化这个根脉。坚守好这个魂和根，是理论创新的基础和前提。”①实现理论创新和文化认同，要坚守魂脉和根脉，以符合时代精神的思维方式和价值观念创造美好生活，谱写中华文化发展的崭新华章。

“第二个结合”是实现中华民族旧邦新命的文化根据，是中国特色社会主义生机勃勃、充满活力的关键所在。作为又一次的思想解放，“第二个结合”开启了广阔的理论和实践创新空间，有力破解了现代化进程中的“古今中西之争”，筑牢了中国式现代化的文化根基。推动物质文明和精神文明协调发展的中国式现代化行稳致远，使之促进中华文明的现代重塑，在中华民族实现伟大复兴途中创造人类文明新形态，推动构建人类命运共同体，具有深远的文明史意义。在新的历史起点上，我们要以新的文化使命与守正创新的正气和锐气，巩固和壮大中华民族共同体，实现中华民族的旧邦新命，努力建设中华民族现代文明。

① 《不断深化对党的理论创新的规律性认识　在新时代新征程上取得更为丰硕的理论创新成果》，《人民日报》2023 年 7 月 2 日。

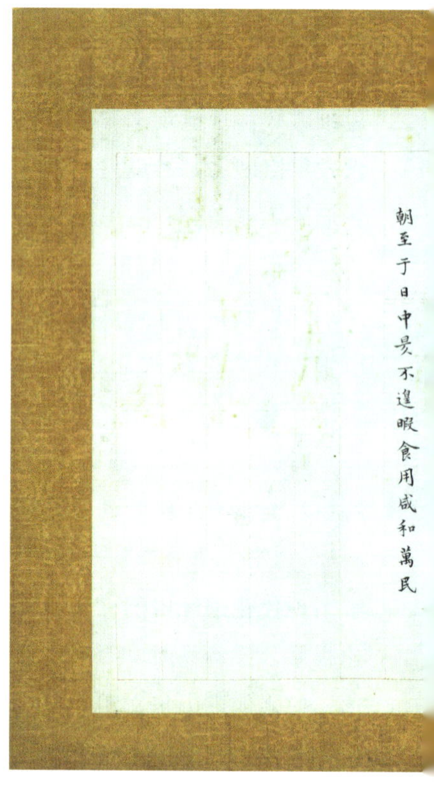

四、建设中华民族现代文明的实践逻辑和世界历史意义

党的十八大以来，习近平总书记强调坚定文化自信，推动中华

优秀传统文化创造性转化、创新性发展，提出马克思主义基本原理同中国具体实际、同中华优秀传统文化相结合，巩固文化主体性，担负起新的文化使命，在新的历史起点上继续推动文化繁荣，建设文化强国，建设中华民族现代文明。作为习近平新时代中国特色社会主义思想的文化篇，习近平文化思想是党领导文化建设的实践经验的理论总结，体现了马克思主义文化观的理论创新，指导我国宣

传思想文化工作取得了历史性成就，在党的宣传思想文化事业发展史上具有里程碑意义，为破解"古今中西之争"提供了科学的思想方法，是我们建设中华民族现代文明的行动指南。

面对百年未有之大变局和我国历史上最为广泛而深刻的社会变革，习近平总书记从文化关乎国本、国运的战略高度系统回答了新时代中国特色社会主义文化建设的一系列重大问题，立足我们宣传思想文化工作的时代方位，准确把握数字化、网络化、智能化发展的时代大势，提出了实现文化传承发展的新思想、新论断，为强国建设、民族复兴注入了强大的精神动力。习近平文化思想既有本体论意义上的整体观照，又有认识论意义上的宏阔视野，亦有方法论意义上的部署要求，揭示了新时代中国特色社会主义文化发展过程中呈现的固有的、本质的、必然的联系，是随着实践深入不断丰富发展的开放式的思想体系。

今天，激活中华优秀传统文化的生命力并实现其转化、发展，要以科学的思想方法破解"古今中西之争"。我们党在中国革命、建设、改革和新时代伟大变革中不断深化"两个结合"，推进马克思主义中国化时代化，使马克思主义融入现代中国文化的基本结构，使当代中国马克思主义成为现代中国文化发展的主导思想，塑造中国式现代化的文化形态。今天，我们要把握中华文明的突出特性，使文化发展贯通古今，彰显中华民族的文化品格，延续中华民族的文化基因，使同马克思主义基本原理相结合的中华优秀传统文化呈现永不褪色的时代价值。我们要把握中华优秀传统文化蕴含的思想观念、人文精神、道德规范，从中华民族的历史深处把握文明的未来走向，以文化古今相通和文明交流互鉴的理路建设中华民族现代文明，安顿我们的精神家园。

文化的生命力在于对传统的传承和发展，文明进步体现为新旧更替的实践创造。有生命力的文化传统是流动的活水，事关国运兴旺、文化安全和民族精神独立性。不同民族的现代化有其独特的制度特征和文化前提，在中国式现代化进程中建设中华民族现代文明，要掌握思想和文化主动，打开创新空间，加强文明交流互鉴。今天，我们要打破西方中心论和西方文明一元论的观念束缚，顺应文明发展的时代潮流，探求世界文明交往范式，尊重和理解不同民族、不同地域的文明观念，把握世界各地“以文化人”的历史进程，把握世界各地“文以载道”的历史经验，理解世界文明的共同性及其百花齐放的绚烂景观，以融通中外的文化发展理念，创造人类文明新形态。

“第二个结合”是在中国经济社会发展进程中走过百年历程的历史事实，也是马克思主义中国化时代化的历史必然。百余年来，马克思主义同中国历史传统、社会现实和思想文化深度融合，造就了新的文化生命体。从中可见，马克思主义在同中华优秀传统文化“双向奔赴”的过程中互相激发、互相成就，使马克思主义具有中国风格和中国气派，使中华文明实现了从传统向现代的跨越，彰显了中华文明与古为新的精神气象。

“第二个结合”是一种深刻的“化学反应”，不仅以马克思主义真理之光激活了中华文明的基因，而且为马克思主义中国化时代化提供了丰厚的历史文化滋养。作为“又一次的思想解放”，“第二个结合”为中国式现代化提供了科学的思想方法，为建构中国式现代化理论体系确立了观念基础。只有深刻理解“第二个结合”的内在规定性，我们才能把握文化传承发展的实践逻辑，把社会主义文化建设置于赓续中华文明的历史长河中去思考，置于人类文明发展进步的潮流中去理解，从大历史观和新文明观的角度把握“以文化人”的时代价值。

习近平总书记指出：“理论自觉、文化自信，是一个民族进步的力量；价值先进、思想解放，是一个社会活力的来源。”[①] 我们要深刻理解浸润在中国人精神生命中的传统文化，在实践运用中理解其创造性转化和创新性发展的现实需要与自主逻辑，理解其何以在同马克思主义基本原理相结合的过程中彰显中国式现代化的文化内涵。作为“第二个结合”的实践场域，中国式现代化寻求一种互利共赢、和谐共生的发展道路，超越了文明优越论和文明冲突论，建构的新文明形态具有世界历史意义。

建设中华民族现代文明，是中国式现代化的应有之义。一部中华民族现代文明史，正是在中国式现代化进程中延展的，是在马克思主义基本原理同中国具体实际和中华优秀传统文化相结合的实践探索中凝结的。在中国式现代化进程中实现中华文明的自我超越、自我完善、自我发展和自我进步，是中国经济社会发展的必然要求。以新的文化使命努力建设中华民族现代文明，明确了新的文化使命的主体意识，明确了推动文化繁荣和建设文化强

① 习近平：《在纪念马克思诞辰 200 周年大会上的讲话》，北京：人民出版社，2018 年，第 19 页。

国的价值指向。以马克思主义为指导的中国式现代化是在历史进程中不断发展的，必然受到历史文化的影响，并在实践中推动传统文化的转化和创新，从而形成了不同于西方现代化的鲜明的中国特色。

中国式现代化与马克思主义中国化处于同一历史进程中，体现了历史规律的决定性和历史主体的选择性，遵循文明发展规律，在建设社会主义物质文明、政治文明、精神文明、社会文明、生态文明的过程中，推动信息化和工业化深度融合、工业化和城镇化良性互动、城镇化和农业现代化相互协调，满足人民日益增长的美好生活的文化需要，实现人民群众物质富足和精神富有的协调统一，在努力建设中华民族现代文明的实践创造中行稳致远。

中国式现代化的核心是人的现代化，建设中华民族现代文明，要明确为什么人进行文化生产和文化创造的问题。要坚持以人民为中心，坚持文化发展服务于人民群众的生活，实现中国特色社会主义文化发展合规律性与合目的性的统一。提高人民群众的科学文化素质和思想道德素质，更加注重以文化人、以文育人，以高尚的文化作品充盈人民群众的精神世界。丰富和完善文化发展的结构层次，使人民群众平等享受文化资源，共同参与文化创造。保障人民群众的文化权益，让全体人民共享文化发展成果，汇聚建设中华民族现代文明的强大合力。

新时代新征程，我们要以习近平文化思想为根本遵循，进一步深化对“第二个结合”的学理阐释，进一步推动同马克思主义基本原理相结合的中华优秀传统文化创造性转化、创新性发展，以中国精神的时代表达讲好中华民族现代文明的故事。要承百代之流，会当今之变，促进文化古今相通与文明交流互鉴，赓续中华文脉，谱写当代华章，在以中国式现代化全面推进中华民族伟大复兴的进程中彰显中华民族现代文明的世界历史意义。

第二章 “第二个结合”的百年探索与内在机理

习近平总书记在庆祝中国共产党成立100周年大会上的重要讲话中指出：“坚持把马克思主义基本原理同中国具体实际相结合、同中华优秀传统文化相结合，用马克思主义观察时代、把握时代、引领时代，继续发展当代中国马克思主义、21世纪马克思主义！”① 百余年来，马克思主义哲学在中国人的精神世界生根发芽、开花结果。在与中国具体实际相结合的过程中，其每一表现都带有中国的特性，体现为同中华优秀传统文化相结合。纵观马克思主义哲学中国化的百年历程可见，马克思主义哲学同中华优秀传统文化相结合及其实践应用已成为一个历史事实，在中国现代化的实践创造中得到深刻表达，使马克思主义哲学获得为人们喜闻乐见的中华民族的

① 习近平：《在庆祝中国共产党成立100周年大会上的讲话》，《人民日报》2021年7月2日。

文化形式，为中国哲学社会科学学术体系、学科体系、话语体系建设提供了思想基础，形成了科学有效的思想方法和工作方法。

一、“第二个结合”是一种历史的选择

作为一种历史的选择，马克思主义哲学同中华优秀传统文化相结合符合中国救亡图存、徐图自强的实际需要。百余年来，同中华优秀传统文化相结合的马克思主义哲学在中国具体化，为中国式现代化的实践创造提供思想引领，以中国经济社会发展的成就体现其“实践能力的明证”。深刻理解马克思主义哲学同中华优秀传统文化相结合的内在机理，可见这种历史选择的文化自信与中国式现代化的实践逻辑。

第一次世界大战爆发，引起了欧洲学人对现代性的反思及对现代西方文明的质疑，使中国有识之士看到西方科学万能论的破产与西方物质文明的幻灭，在反思衰颓于静止中的东方文明的同时实现“物心两面的改造”①，在五四运动中促进了马克思主义哲学在中国的传播，为中国共产党成立做了思想上的准备。马克思主义哲学与中华优秀传统文化是中国共产党与生俱来的文化基因，作为中华民族一切文化、思想、道德的最优秀传统的继承者，中国共产党人秉持马克思主义立场、观点和方法，遵循历史规律，在为人民谋幸

① 《李大钊全集》第2卷，北京：人民出版社，2006年，第356页。

福、为民族谋复兴、为世界谋大同的实践探索中努力将中华优秀传统文化发扬光大。

百余年来，马克思主义哲学同中国社会发展的内在需要相契合，形成了新鲜活泼的中国作风和中国气派。1938年，毛泽东在党的六届六中全会所做的《论新阶段》报告中提出“马克思主义的中国化”：“没有抽象的马克思主义，只有具体的马克思主义。所谓具体的马克思主义，就是通过民族形式的马克思主义，就是把马克思主义应用到中国具体环境的具体斗争中去，而不是抽象地应用它。……离开中国特点来谈马克思主义，只是抽象的空洞的马克思主义。因此，马克思主义的中国化，使之在其每一表现中带着中国的特性，即是说，按照中国的特点去应用它，成为全党亟待了解并亟须解决的问题。”① 其中，“马克思主义的中国化”后来被毛泽东重新表述为“使马克思主义在中国具体化”②，实际体现为“马克思主义普遍真理与中国具体实际相结合”，由此，马克思主义同中华优秀传统文化的融合从“自发”进入“自觉”的阶段。在中国具体化的马克思主义哲学实现了实践创造，形成了中国问题意识，对中国的经济、政治、文化等问题给予科学解答。

马克思主义哲学同中国具体实际、同中华优秀传统文化相结合，使人们以马克思主义立场、观点和方法创造中国式现代化道路。马克思主义哲学中国化是在特定的历史情境中不断深化的，立

① 《建党以来重要文献选编》第15册，北京：中央文献出版社，2011年，第651页。

② 《毛泽东选集》第2卷，北京：人民出版社，1991年，第534页。

足于时代条件并向未来敞开，实际体现了马克思主义哲学同中华优秀传统文化的内在契合，在人性观、唯物论、辩证法等方面得到具体反映。例如，马克思强调，人在其现实性上是一切社会关系的总和。中国古代先贤既强调人性本善，又强调历史条件和社会环境对人性的现实塑造。以经世致用的运思方式理解马克思主义实践思维方式，就会赋予“知行合一”“天下为公”等理念以时代新义。从“生生之谓易”的角度理解辩证法的实践内涵，就会把握历史辩证法的生成性，并以唯物史观运用变与不变的辩证法。

中华民族在五千多年发展历程中创造了辉煌的历史和灿烂的文化，中华优秀传统文化早已融入中国人的精神血脉，成为中国人安身立命的文化自我。马克思主义哲学同中华优秀传统文化相结合，形成了马克思主义哲学的中国特色，并在百余年来的实践探索中创造了中国特色社会主义物质文明、政治文明、精神文明、社会文明、生态文明。正如习近平总书记 2021 年 3 月在福建武夷山市考察时所指出的：“如果没有中华五千年文明，哪里有什么中国特色？如果不是中国特色，哪有我们今天这么成功的中国特色社会主义道路？我们要特别重视挖掘中华五千年文明中的精华，把弘扬优秀传统文化同马克思主义立场观点方法结合起来，坚定不移走中国特色社会主义道路。”① 这为我们深刻理解马克思主义哲学同中华优秀传统文化相结合的理论探索与实践创造提供了思想遵循和现实启示。

① 《习近平谈治国理政》第 4 卷，北京：外文出版社，2022 年，第 315 页。

马克思主义哲学在中国的百年传播，同中华优秀传统文化和千百年来中国人在日常生活中秉持的价值观念内在融通，因而得到人们的欢迎和接受。马克思主义哲学使中国人具有科学理性观念，使中华文化涅槃重生，燃起实现中华民族伟大复兴的自信和力量。1940 年 1 月，毛泽东在《新民主主义论》中倡导建构“民族的科学的大众的文化，就是人民大众反帝反封建的文化，就是新民主主义的文化，就是中华民族的新文化”，他强调“必须将马克思主义的普遍真理和中国革命的具体实践完全地恰当地统一起来，就是说，和民族的特点相结合，经过一定的民族形式，才有用处”，而“中国文化应有自己的形式，这就是民族形式”①。同马克思主义哲学相结合的中华优秀传统文化只有不断适应中国社会发展需要，才能形成体现实践内涵的中华民族形式，进一步实现创造性转化和创新性发展。

百余年来，以马克思主义立场、观点和方法继承中华优秀传统文化并实现时代创新，彰显了中华优秀传统文化最深厚的软实力。作为中华民族的文化根脉，中华优秀传统文化的基本精神在中国革命、建设和改革进程中得到深刻的展现，并在实践中推陈出新，在党和人民的伟大斗争中孕育了革命文化和社会主义先进文化。我们要在社会主义现代化建设中发展中华民族的新文化，使中华优秀传统文化、革命文化与社会主义先进文化相互贯通，彰显中华民族独特的精神标识。通过实践基础上的去粗取精、去伪存真，赋予中华

① 《毛泽东选集》第 2 卷，北京：人民出版社，1991 年，第 708－709、707、707 页。

优秀传统文化以新的时代内涵和新的表现形式，使之面向现代化，面向世界，面向未来，不断展现经久魅力和时代风采。

2022 年 4 月 25 日，习近平总书记在中国人民大学考察时指出：“要坚持把马克思主义基本原理同中国具体实际相结合、同中华优秀传统文化相结合，立足中华民族伟大复兴战略全局和世界百年未有之大变局，不断推进马克思主义中国化时代化。加快构建中国特色哲学社会科学，归根结底是建构中国自主的知识体系。要以中国为观照、以时代为观照，立足中国实际，解决中国问题，不断推动中华优秀传统文化创造性转化、创新性发展，不断推进知识创新、理论创新、方法创新，使中国特色哲学社会科学真正屹立于世界学术之林。”① 为此，我们要坚定文化自信，遵循马克思主义哲学方法论原则，在学术创新探索中建构中国自主的知识体系，使中华优秀传统文化与当代文化相适应、与现代社会相协调，成为人们普遍认同并广泛参与的文化形式，不断促进社会主义文化繁荣兴盛。

新时代新征程，同马克思主义哲学相结合的中华优秀传统文化在世界舞台上彰显时代光彩。我们要深刻理解中华文化和中国精神的时代精华，发展 21 世纪马克思主义、当代中国马克思主义，不断激活中华优秀传统文化的内在生命力，不断推进马克思主义哲学中国化，为创造中国式现代化道路和人类文明新形态提供深厚的文化滋养。加强弘扬中华优秀传统文化的人才培养和学术研究，从中华文明五千年悠久历史中理解中华民族伟大复兴的文化底蕴，以马

① 《坚持党的领导传承红色基因扎根中国大地 走出一条建设中国特色世界一流大学新路》，《人民日报》2022 年 4 月 26 日。

克思主义哲学的时代精神阐述中华优秀传统文化的新义。在保持中华文化独特性的基础上，汲取世界各民族文化的精华，促进文明交流互鉴，弘扬跨越时空、超越国度、富有永恒魅力、具有当代价值的中国文化精神，为构建人类命运共同体提供中国智慧和中国方案。

二、马克思主义同中华优秀传统文化是内在契合的有机整体

习近平总书记在文化传承发展座谈会上指出："在五千多年中华文明深厚基础上开辟和发展中国特色社会主义，把马克思主义基本原理同中国具体实际、同中华优秀传统文化相结合是必由之路。这是我们在探索中国特色社会主义道路中得出的规律性认识。……是我们取得成功的最大法宝。"[①] 马克思主义在中国具体化，彰显了中国特色社会主义发展规律，体现了中华民族的文化形式。马克思主义基本原理同中国具体实际、同中华优秀传统文化相结合，为中国革命、建设、改革和新时代伟大变革提供了科学理论指导。作为中华文化和中国精神的时代精华，习近平新时代中国特色社会主义思想是马克思主义同中华优秀传统文化相结合所巩固的文化主体性的最有力体现，深刻阐明马克思主义同中华优秀传统文化相结合

① 习近平：《在文化传承发展座谈会上的讲话》，《求是》2023 年第 17 期。

的内在机理，为新时代党和国家事业发展提供了根本遵循。

马克思主义在中国的百年传播，改变了中国人的思维方式和价值观念，以科学理性精神审视中华优秀传统文化并赋予其时代新义。同中华优秀传统文化相结合的马克思主义具有中国风格和中国气派，其每一表现都带有中国的特性，都带有在反思性把握中呈现的内在一致性。马克思主义同中华优秀传统文化的内在契合是经过实践验证的历史事实，创造了在实践基础上会通而成的新文化，彰显了中华民族在现代化进程中塑造的文化自我。

马克思主义与中华优秀传统文化具有不同的观念来源。马克思主义是批判地继承英国古典政治经济学、英法空想社会主义和德国古典哲学而形成的现代观念体系，是以实践思维方式展现的辩证唯物主义和历史唯物主义的思想整体。中华优秀传统文化及其在实践中转化的文明形态在农耕文明时代遥遥领先，强调修齐治平、经世致用，重视日用伦常、为仁由己。这两种具有不同来源的观念体系存在高度的契合性，这是马克思主义为中国有识之士所选择并满足中国社会发展的实际需要的内在根由，是马克思主义与中华优秀传统文化相结合的前提。可以说，马克思主义以巨大的思想穿透力深入中国传统文化的根基，从把握客观事物的规律角度重释“实事求是”，使“相反相成”具有现代意涵，从未来理想社会的高度为实现大同社会提供科学路径，以自律和内敛的方式提升个人修养。马克思主义中国化使中华优秀传统文化从前现代走向现代，也实现了中国革命的马克思主义化。

马克思主义同中华优秀传统文化的内在契合，是实践基础上的观念会通，是一种生成着的文化创造，是在观念融合中形成的新范畴。这种文化创造并非“理论—实践”与“知行”，抑或“规律”与“道”之间的简单互释，而是彰显了在中国经济社会发展进程中运用马克思实践的思维方式，以唯物辩证法和唯物史观推动中国式现代化进程，以创造和运用新文化的自觉彰显中华民族伟大复兴的自主逻辑。

马克思主义同中华优秀传统文化互相成就，在结合中造就了一个有机统一的新的文化生命体。在民族危亡之际选择马克思主义，体现了中国有识之士的责任担当意识，从中可见马克思主义同中华优秀传统文化相结合的文化自觉。按照中国的特点应用马克思主义，在百余年来我们党团结带领人民走过的光辉历程中得到了实践的确证。马克思主义在中国社会发挥深刻的作用，使中国人从思想到生活进入一个崭新的时期，是通过体现为新鲜活泼的、为中国老百姓所喜闻乐见的中国作风和中国气派来实现的。马克思主义要在思想和情感上为中国人民所接受，就必须植根于中国历史和文化。在中国具体化的马克思主义实现了实践创造，形成了中国问题意识，对中国的经济、政治、文化等问题给予了科学解答。

文化是历史进程中流动的活水，中华优秀传统文化的创造性转化、创新性发展取决于时代条件和实践需要。如果说中国文化是一条历史的长河，那么，有些河段可能九曲十八弯，但终究是“大河向东流”。这条文化长河的流向和流速与经济社会发展紧密相关，有生命力的文化观念总要实现实践转化，转化是具体的、有条件的。从历史事实出发理解中华文化发展过程，就会看到“大河向东流”的历史必然性，就会认识到促进中华优秀传统文化与当代文化相适应、与现代社会相协调的重要性，使之成为人们普遍认同并广泛参与的文化形式，不断促进社会主义文化繁荣兴盛。

三、“第二个结合”是又一次的思想解放

马克思主义同中华优秀传统文化相结合，让中国特色社会主义道路有了更加宏阔深远的历史纵深，筑牢了中国式现代化的文化根基。正是实现现代重塑的中华文明赋予中国式现代化以深厚底蕴，拓展了中国特色社会主义道路的文化根基。马克思主义同中华优秀传统文化相结合，生成了文化的再生机制，促进了民族精神与时代精神的融合。之所以高度重视中华民族的文化遗产，是因为我们党深刻认识到中华优秀传统文化对中国社会结构、民族性格和人们价值观念的深刻影响，善于汲取中华优秀传统文化中内涵丰富的治国理政、立德化民的智慧。

运用实现创造性转化、创新性发展的中华优秀传统文化进行社会治理，是建设社会主义文化强国之所需。文化进步是在社会进步中实现的，同马克思主义相结合的中华优秀传统文化满足时代的需求，反映时代的关注，体现了时代创造和历史选择，提升了文化自信的底气。中国式现代化是马克思主义同中华优秀传统文化相结合

的实践场域，中华优秀传统文化在社会主义现代化进程中获得与时俱进的生命力和创造力。正是在结合的过程中，马克思主义成为中国的，中华优秀传统文化成为现代的，从中形成的新文化成为中国式现代化的文化形态。

马克思主义同中华优秀传统文化相结合，打开了让我们掌握思想和文化主动的创新空间。在这个更广阔的空间里，充分运用中华优秀传统文化的宝贵资源，使之实现创造性转化和创新性发展，使中国特色社会主义文化有力地作用于中国特色社会主义道路、中国特色社会主义理论和中国特色社会主义制度，探索面向未来的理论和制度创新，因而是新时代新征程上又一次的思想解放。

从新的思想解放的角度理解马克思主义同中华优秀传统文化相结合，具有很高的文化立意。马克思主义以真理之光激活了中华文明的基因，从社会发展的角度理解生生不息的文化传统，就会深刻理解“旧邦新命”：只有同中华优秀传统文化相结合，马克思主义才能在中国落地生根、开花结果；只有深入研究中国历史上治国理政的经验，深入理解中华优秀传统文化中的辩证智慧和生态观念，才能建成社会主义文化强国。同时，任何传统中有生命力的文化基因都会在时代发展中实现自我更新，都会彰显时代精神。只有发扬传统文化中“活的东西”，才是尊重和传承传统文化应有的态度，这里有一个新旧文化转化的问题，以新文化取代旧文化，体现了文化发展的基本规律。因而，不应固守传统、亦步亦趋，而应超越既往、别开生面，使中华优秀传统文化在新的时代条件下发扬光大。

四、“第二个结合”巩固了文化主体性

把马克思主义思想精髓同中华优秀传统文化精华贯通起来、同人民群众日用而不觉的共同价值观念融通起来，赋予科学理论鲜明的中国特色，巩固了中华民族的文化主体性。习近平新时代中国特色社会主义思想是这一文化主体性的最有力体现，是当代中国马克思主义、21 世纪马克思主义，实现了马克思主义中国化新的飞跃。从文化主体性角度看，马克思主义同中华优秀传统文化相结合，既立足于现实的中国，又植根于历史的中国。这种文化主体性使我们党在新时代高度重视文化建设。习近平总书记强调文化自信是更基础、更广泛、更深厚的自信，认为没有文化繁荣兴盛，就没有社会主义现代化。马克思主义基本原理同中华优秀传统文化相结合的重大意义得到深入认识，我们党重视挖掘中华五千年文明中的精华，推动中华优秀传统文化创造性转化、创新性发展，揭示了中国特色社会主义文化的基本结构，阐明了培育和践行社会主义核心价值观的科学路径，提出了实现中华民族伟大复兴的文化使命，体现了当代中国马克思主义文化观的重大理论创新。

以高度的文化自信实现马克思主义同中华优秀传统文化相结合，实现中华优秀传统文化的创造性转化和创新性发展，体现了中华民族文化自我的时代勃兴。文化自信体现了中华民族内心深处的自豪，是国家富强与民族复兴的动力源。这种自信是对中华优秀传

统文化的创造性转化的自信，它表明在社会主义现代化进程中复兴的中国文化将以其积淀深厚的思想传统解析中国社会的实际问题，提供在历史发展过程中被反复证明为有效的合理性思路。这种自信源自对中国思想家强调的仁义理念、中性思维、大同境界的创新性发展，是复兴中华民族光荣梦想的精神明证。

中华民族是中华优秀传统文化的主体，不断实现创造性转化和创新性发展的中华优秀传统文化是支撑中国人艰难跋涉、艰苦奋斗、矢志创新的久远绵长的精神力量。近代以来中华民族苦难辉煌的历程表明，中国人没有失掉文化自信力。我们党在中华民族五千年文明史的长线逻辑中理解文化自信，使中华优秀传统文化具有科学理性精神，恢复了中华民族生机勃勃的文化信心。这种自信是对一脉相承的中华优秀传统文化、红色革命文化和社会主义先进文化的自信，反映了中国文化的历史性、时代性和开放性。正是坚定文化自信，我们党带领人民在新时代创造新文化，实现符合时代发展要求、满足人民需要的文化创新，在创造美好生活的过程中实现文化繁荣兴盛。

正如习近平总书记所指出的：“对历史最好的继承就是创造新的历史；对人类文明最大的礼敬就是创造人类文明新形态。”[①] 正是因为秉持文化主体性，强调中华民族的新文化，我们党带领人民将愚昧落后的中国建成文明先进的中国，中华优秀传统文化在走向世界历史的过程中实现独特的思想创造，它超越既往、借鉴外来，

① 习近平：《在文化传承发展座谈会上的讲话》，《求是》2023 年第 17 期。

在现代化探索中发挥作用于现实的经济与政治，不断促进马克思主义中国化时代化。今天，我们要坚持学以致用，以守正创新的正气和锐气，担负起新的文化使命，努力建设中华民族现代文明，在文化建设和文明发展的征程上赓续历史文脉、谱写当代华章。

第三章　马克思的现代性思想与中国式现代化的实践逻辑

现代性是在历史向世界历史转变的过程中形成的，在现代社会历史主体创造世界历史的过程中对象化为现代化进程，由此塑造了现代文明形态。中国式现代化探索起步于东西方文明的冲突与碰撞，以一场由先进思想指导的社会革命为现实根基，在社会主义建设与改革开放进程中不断深化马克思主义中国化的历史主题。理解中国式现代化的实践逻辑与人类文明新形态，深思其何以成为中华民族的历史选择并呈现中华文明的新气象，首先要把握马克思的现代性思想与其对现代文明转型的期待。

一、马克思现代性思想的双重向度

深受英国古典政治经济学、法国革命政治学等影响的马克思在青年时代认同现代理性观念，重视现代科技发展对人类生活的深刻变革，拒斥与历史规律相背离的保守思维。随着对现代经济生产过程的研究逐渐深入，马克思看到与现代经济生产方式相伴而生的社会变革催生了不同于过去一切时代的变动。在这种变动及其加速运转中，“一切固定的僵化的关系以及与之相适应的素被尊崇的观念和见解都被消除了，一切新形成的关系等不到固定下来就陈旧了。一切等级的和固定的东西都烟消云散了，一切神圣的东西都被亵渎了。人们终于不得不用冷静的眼光来看他们的生活地位、他们的相互关系”①。这个不可逆转的过程塑造了新的生活世界和社会关系，改变了人们的思维方式和价值观念，形成了与以往不同的文明形态。马克思的现代性思想正是在对现代生产过程及其内在逻辑的研究中展现的，体现为肯定现代化的进步意义与否定资本现代性的双重视角。

从肯定现代化进步性的角度看，马克思肯定现代社会形成以来人类创造的文明成果，强调现代生产过程中的经济因素对现代社会运行具有基础性意义。现代性观念在人们的生产生活过程中对象化

① 《马克思恩格斯文集》第2卷，北京：人民出版社，2009年，第34－35页。

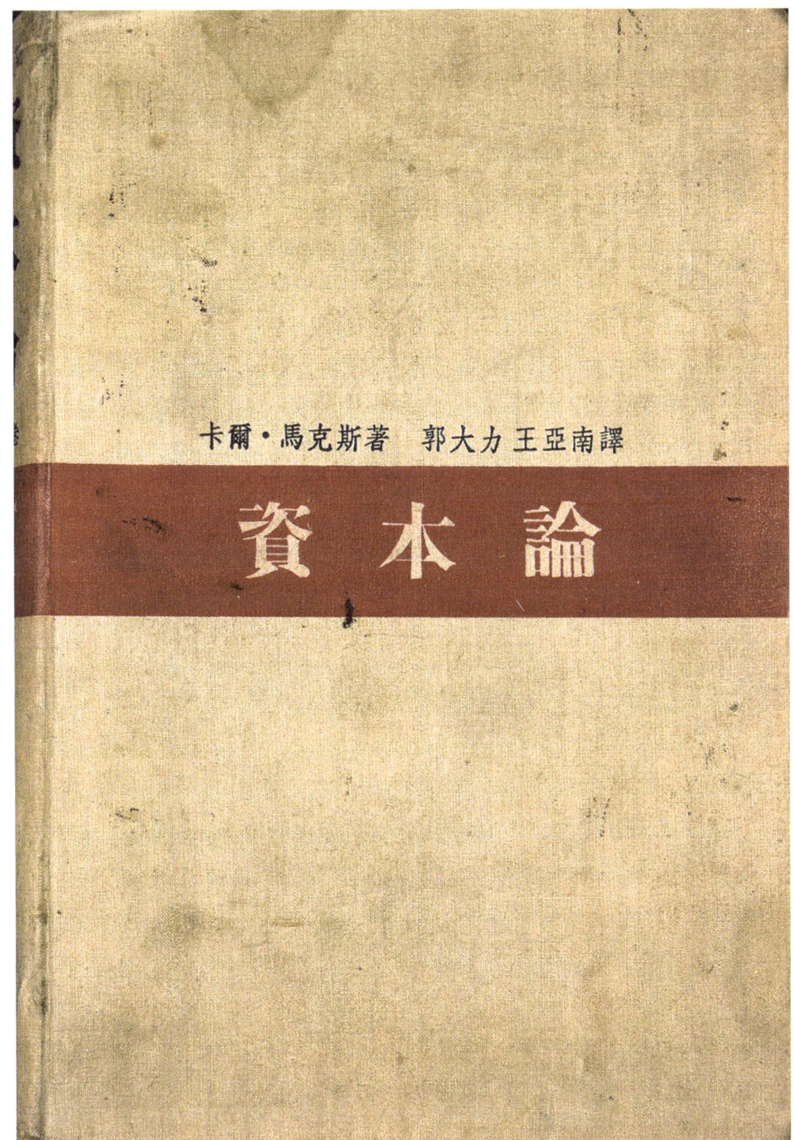
卡爾·馬克斯著　郭大力 王亞南譯
資本論

为现代文明的普遍性，以前所未有的方式离开传统社会秩序的轨道，使人们进入对传统等级观念祛魅的世界。具有特定文化传统的民族在现代化进程中满足生产和发展的实际需要，形成世界性的普遍交往关系。正如马克思所说，“各民族的精神产品成了公共的财产。民族的片面性和局限性日益成为不可能，于是由许多种民族的和地方的文学形成了一种世界的文学”①。当历史走向世界历史，生产的社会化促进文明从封闭走向开放，一切地域之间或民族之间的隔阂被摧毁了。在物质生产和精神生产领域，各民族的互相往来和互相依赖普遍化。由此需要一种新世界观，作为理解由现代性开辟的世界历史的观念前提，并在世界历史的展开过程中进一步理解其间创造的物质基础。

现代生产以及随之而来的现代化进程具有首创精神，为世界历史的形成奠定了物质基础。现代性的对象化实践导致了世界市场的形成，由此形成商品生产和消费的国际性。“不断扩大产品销路的需要，驱使资产阶级奔走于全球各地。它必须到处落户，到处开发，到处建立联系。”② 自给自足的自然经济和封闭保守的价值观念被新的生产方式和文化精神取代了，生产和消费的世界性促成了经济全球化。随着旧的社会制度崩溃，新的社会主体登上历史舞台，“资产阶级历史时期负有为新世界创造物质基础的使命：一方面要造成以全人类互相依赖为基础的普遍交往，以及进行这种交往的工具；另一方面要发展人的生产力，把物质生产变成对自然力的

---

① 《马克思恩格斯选集》第1卷，北京：人民出版社，2012年，第404页。

② 《马克思恩格斯选集》第1卷，北京：人民出版社，2012年，第404页。

科学支配”[1]。在这里，我们看到世界历史普遍性的伟力，它不仅在世界范围内对象化，而且在特定的社会历史条件下具体化，成为各民族必经的历史进程。

这种必经的历史进程表现为一种历史趋势，个人在其中摆脱传统观念的束缚，释放自我意识的创造性，具体表现为“人对自然的能动关系，人的生活的直接生产过程，从而人的社会生活关系和由此产生的精神观念的直接生产过程”[2]。这种直接生产过程提升了人们的现代素养和文明程度，直接提高了生产力和经济发展水平，为社会发展确立了坚实的物质基础。马克思看到在现代生产过程中创造的生产力“比过去一切世代创造的全部生产力还要多，还要大。自然力的征服，机器的采用，化学在工业和农业中的应用，轮船的行驶，铁路的通行，电报的使用，整个整个大陆的开垦，河川的通航，仿佛用法术从地下呼唤出来的大量人口——过去哪一个世纪料想到在社会劳动里蕴藏有这样的生产力呢?”[3] 这样的生产力决定了与之相适应的新的生产关系，创造了一个新世界。但是，在现代社会发展过程中，现代性观念蜕变为关于资本扩张和殖民体系的合理性主张，甚而现代性的一般样态被强制解释为资本现代性这种特殊样态，这种特殊样态为马克思所深切批判。

从否定资本现代性的角度看，马克思指出资本和劳动的关系是全部现代社会体系围绕旋转的轴心，资本逻辑锁定了这种关系，并

---

① 《马克思恩格斯选集》第 1 卷，北京：人民出版社，2012 年，第 862 页。
② 《马克思恩格斯文集》第 5 卷，北京：人民出版社，2009 年，第 429 页。
③ 《马克思恩格斯文集》第 2 卷，北京：人民出版社，2009 年，第 36 页。

使这种关系陷入晦暗的牢笼之中。遵循利益最大化原则，强化了资本逻辑并形成了利益对立关系，使交换价值凌驾于道德责任之上，经济利益优先于道德正当，甚至成为道德正当的化身。在马克思看来，物质生产和资本主义生产关系的生产，以及商品生产与价值增殖的共时性，体现了资本现代性的秘密。资本表现为物的形态，但在特定的运动过程中，生产出体现资本逻辑的交换关系和权力关系，这种运动使资本不断增殖并不断谋求剩余价值，由此构成资本现代性的强大动力。在这个意义上，马克思对现代性的批判与其说是一种观念批判，毋宁说是对现代物质生产关系的批判，即从生产力和生产关系的现实冲突中解释社会现实：异化劳动不仅生产商品，而且生产一种社会关系，“通过异化劳动，人不仅生产出他对作为异己的、敌对的力量的生产对象和生产行为的关系，而且还生产出他人对他的生产和他的产品的关系，以及他对这些他人的关系”①。这种劳动不仅使工人与其类本质相异化，而且使资本家的追求陷入与自我实现相背离的境地，看似满足了某种感性的欲望，实则陷入一种虚幻、无聊的状态，造成非人的力量在全社会的统治。

马克思青年时代对异化劳动的批判后来在对以拜物教批判为核心的资本逻辑的批判中得到深化，他将批判指向这种非人的力量统治的事实，指向资本现代性的内在逻辑及其体现的对抗性关系，揭示了资本主义社会是资本逻辑的必然产物。资本逻辑的现实化体现

① 《马克思恩格斯全集》第3卷，北京：人民出版社，2002年，第276页。

为资本无限增殖和膨胀的过程，资本是现代社会支配一切的经济权力，劳动是资本的“酵母”。资本逻辑看似以剥削劳动力的形式体现在流通领域，实际上无处不在，在生息资本里同样发挥作用。正如马克思所言，“如果说资本起初在流通的表面上表现为资本物神，表现为创造价值的价值，那么，现在它又在生息资本的形式上，取得了它的最异化最特别的形式”①。马克思在资本运动过程中把握现代性的流变，认为资本现代性造成了一种盲目地奴役人的力量，这种奴役人的力量反映了劳动和资本的“抽象人格”之间的关系，这种关系阻碍了人的自由与全面发展，使人们在努力实现自我的过程中陷入异化的渊薮，异化劳动是资本逻辑的必然结果。马克思用人的异化与异化的扬弃说明摆脱现代性困境的过程，将消除资本逻辑的过程阐释为劳动异化及其扬弃的过程。物质资料生产方式是包括现代社会在内的全部人类社会的基础，现代文明正是基于物质资料生产方式展开的，当资本逻辑造成的经济危机愈演愈烈，形成严重的现代性症候，致力于摆脱劳动异化的新的生产逻辑开始萌生。

在现代性形成之前，生产的目的自然地体现为人的需要，而“在现代世界，生产表现为人的目的，而财富则表现为生产的目的”②。在现代性高歌猛进的途中，自然经济和各种淳朴祥和的社会组织逐渐消亡，农民的民族从属于资产阶级的民族，人们为很多古老文明形式的崩溃而伤感，这种情感上的反应是自然的。正如马克思所说，“这些田园风味的农村公社不管看起来怎样祥和无害，

① 《马克思恩格斯全集》第46卷，北京：人民出版社，2003年，第939页。
② 《马克思恩格斯全集》第30卷，北京：人民出版社，1995年，第479页。

却始终是东方专制制度的牢固基础，它们使人的头脑局限在极小的范围内，成为迷信的驯服工具，成为传统规则的奴隶"①。以往温情脉脉的人际关系变成了现实的金钱关系，直接表现为现金交易。这种现象的内在根据表现为一种物化的神秘形式，随之而来的是物的世界的增殖与人的世界的贬值成正比。当货币成为一般等价物，在现代社会体现商品的价值，对货币的追逐就成为现代人的自觉，当这种自觉成为现代人的日常意识，及至超越人们的实际需要，就使人们迷恋人与人之间交换关系的物化，进而形成了货币拜物教。现代化的资本主义模式以这种物化状态为标志，人们的生活世界受制于货币拜物教的束缚。

货币拜物教在本质上体现为资本拜物教，在现代社会，体现经济关系并彰显其本质的是资本而非货币，货币拜物教在本质上以资本增殖为基础，以货币体现的人与人之间的关系在资本的运动中发生变化。马克思深刻指出货币转化为资本而发生的重要转变，"在资本中，货币失掉了自己的僵硬性，从一个可以捉摸的东西变成了一个过程"②。在这个意义上，货币只是以符号的方式反映了拜物教的表象，真正体现拜物教本质的是资本运动过程中的生产关系及其决定的其他经济关系，这是资本现代性折射的最根本的经济事实，是由资本逻辑主导的社会实在。资本拜物教使人与人的关系为物化的关系所代替，从而遮蔽了劳动的社会属性以及劳动者之间的社会关系，人的需要与追求遭到物欲世界的笼罩。在这里，充满了

① 《马克思恩格斯选集》第1卷，北京：人民出版社，2012年，第853-854页。
② 《马克思恩格斯全集》第31卷，北京：人民出版社，1998年，第387页。

"形而上学的微妙和神学的怪诞"[①]，资本的抽象化体现为现代形而上学的悖谬。资本增殖使现代社会处于不安定和变动的状态，生产出新的社会关系，在生产和消费不断扩大到世界市场的同时，人与人之间的关系日益陷入冷漠和紧张的境地。

马克思通过分析生产力与生产关系的矛盾来深刻批判资本现代性，认为异化劳动与异化现象的普遍性是资本逻辑的直接结果，是资本现代性的重要表征。他看到商品世界中的实体性存在被符号化，货币的符号存在充斥着交换领域，深感焦虑和茫然的人们与其类本质相背离。他通过审视现代工业和整个财富领域对政治领域的关系，认识到工业化大生产是现代社会发展的根本动力，指出现代社会的生产关系是资本现代性的渊薮，分工不是出于人们的自愿，现代生产活动对劳动者而言还体现为一种异己的与其对立的力量，强调"必须推翻使人成为被侮辱、被奴役、被遗弃和被蔑视的东西的一切关系"[②]，变革造成这种关系的特定社会制度条件，在政治经济学批判中寻求超越资本逻辑和扬弃异化劳动的出路，从而在走向现代性的未来理想样态中超越资本现代性的症候。

马克思对资本现代性的批判体现为对传统形而上学的批判，对资本主义社会的物化形式的去蔽，需要一种经济学—哲学的批判层次。正是因为认识到资本逻辑是无视无产者实际诉求的抽象，呈现了解决现实社会矛盾的"倒影"，马克思不仅揭示了现代资本主义生产方式及其产生的资产阶级社会的特殊的运动规律，而且揭示了

① 《马克思恩格斯全集》第44卷，北京：人民出版社，2001年，第88页。

② 《马克思恩格斯文集》第1卷，北京：人民出版社，2009年，第11页。

人类历史发展规律，由以深化对资本逻辑的认识。[①] 现代社会对个人而言体现为一种外在的必然性，劳动过程中的人在其对象中丧失自身。资本逻辑以异化的普遍性掩盖了现代化的多样性，使资本扩大化成为现代化的典型样态，制造了一种先验设定的生产关系图景。马克思将资本视为西方现代化的基因，认为现代社会充斥着资本逻辑，这种伴随现代文明进程的逻辑造成了人们遭受异化的实际处境，也构成人们的内在困惑，因为每一种事物在现实生活中都包含自身的反面。"资本主义生产方式的神秘化，社会关系的物化，物质的生产关系和它们的历史社会规定性的直接融合已经完成：这是一个着了魔的、颠倒的、倒立着的世界。在这个世界里，资本先生和土地太太，作为社会的人物，同时又直接作为单纯的物，在兴妖作怪。"[②] 追逐物质财富的最大化，是资本的"天然的使命"，这使资本增殖走上疯狂的不归路。资本在增殖过程中彰显独立性和个性，从事生产的现实的个人却与其类本质相背离，资本逻辑笼罩的现代社会成为一个颠倒的世界。由此可见，马克思通过否定资本逻辑超历史的抽象观念和形而上学范畴，实现了对资本现代性的内在批判。

从超越资本现代性与实现现代文明转型的角度看，马克思将资本现代性的具体展开视为一个充满内在矛盾的过程，这种内在矛盾从根本上表现为生产的社会化与生产资料资本主义私人占有之间的

---

① 臧峰宇：《马克思政治哲学引论》，北京：中国人民大学出版社，2020 年，第 164 页。

② 《马克思恩格斯选集》第 2 卷，北京：人民出版社，2012 年，第 646 页。

矛盾，造成了人的异化以及一系列严峻的社会问题。“赋予新的生产方式以资本主义性质的这一矛盾，已经包含着现代的一切冲突的萌芽。”① 当现代性偏离了启蒙思想家的华美约言，因其内在局限和社会矛盾而陷入危机，必然造成多重的“现代性隐忧”。在马克思看来，资本是一种“普照的光”，体现为具有支配性的经济权力，它作为社会存在形式的出场，按其本身的面貌创造新世界。资产阶级在资本运动过程中追求利益的最大化，确证资本增殖的本性。“资产阶级生存和统治的根本条件，是财富在私人手里的积累，是资本的形成和增殖。”② 资本增殖从根本上说是通过工人创造剩余价值实现的，剩余价值的最大化造成工人的贫困，包含着现代社会一切冲突的萌芽。剩余价值的最大化实际地体现为资本逻辑的现实化，当剩余价值被投入新的生产过程，就会产生更多的剩余价值，从而使资本积累无限扩大。在无产者遭受剥削与异化的同时，整个社会运转遭受拜物教的笼罩，从而使现代文明有沉入一种堕落境遇的危险。

使现代文明摆脱这种堕落境遇的根本出路是消除资本逻辑的束缚，马克思将否定资本逻辑的过程具体化为私有财产的扬弃，实现人类解放、自由与全面发展，从而使启蒙理性的华美约言成为一种平等的现实。正如他所指出的：“对私有财产的积极的扬弃，作为对人的生命的占有，是对一切异化的积极的扬弃，从而是人从宗

① 《马克思恩格斯文集》第 9 卷，北京：人民出版社，2009 年，第 287 页。
② 《马克思恩格斯选集》第 1 卷，北京：人民出版社，2012 年，第 412 页。

教、家庭、国家等等向自己的人的存在即社会的存在的复归。”①扬弃私有财产，使现实的个人获得独立性和个性，是使现代文明实现转型的伟大构想。当这一构想付诸实践，无产阶级作为新的社会主体登上历史舞台。马克思在社会历史的深处描述未来理想社会的图景，实则在批判现代性危机的同时提出超越现代性困境的可能之路，呈现一种超越资本现代性的新现代性，从而真正释放了现代性的潜能，这时“批判已经不再是目的本身，而只是一种手段”②。

在马克思看来，资本增殖及其对世界市场的需要必然将资本逻辑引向世界，造成资本的全球扩张与不同民族之间的冲突。这是资本现代性的逻辑，而不是现代化的必然逻辑。在不同民族之间的冲突中呈现出现代化的多样性，应当消解现代化的单一性特质。马克思明确否定抽象普遍性观念，深刻理解“既定社会”的“实在主体”，强调“历史是不能靠公式来创造的”③。不能把现代化视为一种先验设定的普遍公式，抑或将其具体展开当作一种想象的过程。从历史唯物主义角度着眼，现代化的具体展开实际地超越了偶然的非本质的臆想，体现为人们在历史性实践中创造的现实的历史。毋庸置疑，只有在特定的社会条件下才能理解历史的具体，只有在现实的历史中才能把握不同民族的历史命运。

马克思强调现代性不仅没有固化，还显现出一种流动的状态，“现在的社会不是坚实的结晶体，而是一个能够变化并且经常处于

① 《马克思恩格斯全集》第3卷，北京：人民出版社，2002年，第298页。
② 《马克思恩格斯全集》第3卷，北京：人民出版社，2002年，第202页。
③ 《马克思恩格斯文集》第1卷，北京：人民出版社，2009年，第624页。

变化过程中的有机体”①。从根本上取代资本逻辑的可能性在于建构一种劳动逻辑，使现代化步入新发展道路。这种逻辑及其对象化过程不以资本增殖为目的，而以人的全面发展为中心，从而消解了对抗性的社会关系。不是将社会作为抽象物与个人相对立，不是将人驯化为机器，而是将人作为社会存在物，在合理化的日常生活世界，每个人都是目的而非手段。马克思“设想有一个自由人联合体，他们用公共的生产资料进行劳动，……这个联合体的总产品是一个社会产品。这个产品的一部分重新用做生产资料。这一部分依旧是社会的。而另一部分则作为生活资料由联合体成员消费。因此，这一部分要在他们之间进行分配”②。这时，人是一种社会的存在物，社会对人来说成为本质，现实的个人“固有的力量”联合为一种社会的力量。人与自然界之间以及人与人之间的矛盾得到真正解决，存在和本质、对象化和自我确证、自由和必然、个体和类之间的斗争得到真正解决。在这个意义上，马克思既是资本现代性的批判者，也是新现代性的构建者，他在“无情地批判”资本现代性的同时，提出现代化发展的新版本，从而提升了现代文明的品质。

马克思创建新现代性的方式具有总体性特征，不是对资本现代性的技术修补，而是如颠倒传统形而上学般扬弃私有制和私有观念。在马克思现代性思想的双重向度中可以看到，资本既有“文明的一面”，也有“不文明的一面”，或者说，为资本逻辑笼罩的现代

① 《马克思恩格斯文集》第5卷，北京：人民出版社，2009年，第10-13页。

② 《马克思恩格斯文集》第5卷，北京：人民出版社，2009年，第96页。

文明体现了一种对抗性矛盾，“随着文明而产生的社会为自己所建立的一切机构，都转变为它们原来的目的的反面”①。为此，要在社会层面上建构一种劳动逻辑，在不断提高社会生产力水平的同时，重新分配社会产品，从而具有了现代文明转型的现实可能性。在马克思看来，在现代社会，一种新的社会关系还没有完全建立起来的时候，就会被另一种新的社会关系取代。人们由此产生一种内在的社会性特质，并同整个世界的物质生产和精神生产发生实际联系，获得全面发展的创造性能力。当我们以实践的思维方式考察现代性的一般逻辑的具体展开，就会发现它体现为多样的民族形式，而以劳动逻辑取代资本逻辑是优化现代文明的重要路径。

当资本在信息社会以加速的方式自由流动，其与劳动的关系仍然是相对固定的，从技术角度解决资本现代性问题是不可能的。马克思预见到这种问题的普遍性，正如他所指出的：“机器具有减少人类劳动和使劳动更具成效的神奇力量，然而却引起了饥饿和过度的疲劳。财富的新源泉，由于某种奇怪的、不可思议的魔力而变成贫困的源泉。技术的胜利，似乎是以道德的败坏为代价换来的。随着人类愈益控制自然，个人却似乎愈益成为别人的奴隶或自身的卑劣行为的奴隶。甚至科学的纯洁光辉仿佛也只能在愚昧无知的黑暗背景上闪耀。我们的一切发明和进步，似乎结果是使物质力量成为有智慧的生命，而人的生命则化为愚钝的物质力量。”② 资本现代性造成的问题是显而易见的，社会发展方式变迁从根本上决定了现

---

① 《马克思恩格斯文集》第 9 卷，北京：人民出版社，2009 年，第 147 页。

② 《马克思恩格斯文集》第 2 卷，北京：人民出版社，2009 年，第 580 页。

代文明转型的必要性，创建新现代性实际体现为对资本现代性的内在超越。为此，要以劳动逻辑取代资本逻辑，将现代化发展道路的多样性具体化，尊重不同民族实现现代化的自主性，在批判旧世界的过程中建立新世界。现代化源自西方，在资本现代性展开过程中对东方社会产生了重大影响，在与西方文明冲突与碰撞过程中，中华文明努力实现自我超越，进行了现代化的实践探索。

二、中国式现代化的实践逻辑与人类文明新形态的实践创造

在世界历史语境中理解中国式现代化新道路的具体实际，方能把握近代以来中华民族走向现代化的苦难辉煌的历程。鸦片战争及其后百余年间，中国遭到西方坚船利炮侵袭和外族铁蹄践踏，逐步沦为半殖民地半封建社会，宗法制社会组织土崩瓦解，正如马克思所指出的："一个人口几乎占人类三分之一的大帝国，不顾时势，安于现状，人为地隔绝于世并因此竭力以天朝尽善尽美的幻想自欺。这样一个帝国注定最后要在一场殊死的决斗中被打垮：在这场决斗中，陈腐世界的代表是激于道义，而最现代的社会的代表却是为了获得贱买贵卖的特权——这真是任何诗人想也不敢想的一种奇异的对联式悲歌。"① 东方社会闭关自守的农耕文明被迫与西方现

① 《马克思恩格斯选集》第1卷，北京：人民出版社，2012年，第804页。

代文明发生联系，当时中国的有识之士在文明碰撞中开始了现代化的初步探索。

西方现代化伴随着坚船利炮进入中国，近代中国经济社会发展状况难以产生不同于西方现代化的内生性力量，国民的文化信念因之而不振，那时遭遇的正是资本现代性扩张造成的东方从属于西方的境遇。虽然在16世纪中国即有现代化的萌芽，商业和市场一度有扩大之势，经济繁荣程度至18世纪曾达于高峰，但因近代科学在中国发展迟滞，封建专制与保守思维固化，从未形成与现代社会相适应的市场经济。中国在被动进入现代化的起步阶段，不得不“师夷长技”，从洋务运动时期向西方学习先进器物和技术开始，以“求富”“求强”为目标，加入世界现代化的洪流之中。洋务派思想家强调学习西方先进科技，兴办军事工业和民用企业，培养翻译、军事和科技人才，但这场强调“中学为体，西学为用”的运动失败了。正如毛泽东所说：“帝国主义列强侵入中国的目的，决不是要把封建的中国变成资本主义的中国。……相反，它们是要把中国变成它们的半殖民地和殖民地。”① 甲午海战的惨败表明，仅仅“师夷长技”并不能“制夷”，也不足以挽狂澜于既倒。

甲午海战后，以张謇为代表的民族资产阶级试图以实业救国，在发展新兴民族工业的同时，创办了中国第一所师范学校，以及包括纺织、农业、医药等在内的早期专科教育，开设了博物苑、图书馆、剧场等文化场所。实业救国的理念与实践在社会上一度有广泛

① 《毛泽东选集》第2卷，北京：人民出版社，1991年，第628页。

影响，但这种壮大民族工业的愿望因帝国主义和封建主义的双重盘剥与压榨而被扼杀在摇篮中，中国成为世界市场廉价的原材料产地和商品倾销市场，新兴的民族工业举步维艰，未能实现资本主义现代化。近代民族工业之不振与理性主义和现代教育之未能勃兴，使传统经济向现代经济的转变在中国颇为坎坷，社会进步遂因之而迟滞，"历史的教训告诉我们：没有立足于本国大地的民族工业和相应的教育文化，是不可能实现本民族的现代化的"①。

维新派思想家试图从制度变革层面探索中国现代化之路。他们以"托古改制"为旗号，倡导君主立宪制，强调以工商立国，改革政府机构，开办新式学堂，改进军事装备。这场变法运动主张"鼓民力""开民智""新民德"，掀起了维新与守旧的论战，激发了人们改制求变的信念，形成与封建思想第一次正面交锋，在一定程度上起到了现代思想启蒙的作用。但是，维新派塑造的孔子"改制立法"的形象缺乏足够的根据，即使在开明人士中也未能得到认同，还寄希望于光绪皇帝和少数官僚，且措施冒进，没有可以依赖的现实的物质力量，对新政体的期待只是不切实际的幻想，百余天后就被当时掌握实权的守旧派扼杀了。

在世界历史普遍性境况中开辟符合中国实际的现代化道路颇为不易，需要彻底否定封建社会的存在形式，任何调和或改良的思路都被历史证明是不可行的。辛亥革命拉开了中国近代民族民主革命的序幕，"振兴中华"的呼声唤起了爱国志士的斗志，推翻了君主

---

① 吴承明：《早期中国近代化过程中的外部和内部因素——兼论张謇的实业路线》，《教学与研究》1987 年第 5 期。

专制制度，实为一次“亚洲的觉醒”。这场革命传播了民主共和理念，使社会习俗除旧布新，尝试走西方现代化道路。但是，由于没有提出彻底的反帝反封建纲领，未能建立坚强的革命政党，未能充分发动和依靠群众，没有完成民族独立、人民解放的历史任务，没有使中国走出半殖民地半封建社会，仍然停留于小农经济体制，没有改变陷于水深火热之中的中国人民的根本境遇，没有找到解决中国前途命运的正确道路，辛亥革命在中外反动势力的联合绞杀中失败了。这表明资产阶级共和国的方案在中国行不通。

正如毛泽东所指出的：“一个不是贫弱的而是富强的中国，是和一个不是殖民地半殖民地的而是独立的，不是半封建的而是自由的、民主的，不是分裂的而是统一的中国，相联结的。在一个半殖民地的、半封建的、分裂的中国里，要想发展工业，建设国防，福利人民，求得国家的富强，多少年来多少人做过这种梦，但是一概幻灭了。”① 面对西方现代化的弊端，以及由此形成的战争与殖民的态势，有识之士对西方现代文明进行内在反思，认识到西方现代化的结构性矛盾，在五四新文化运动中以“民主”和“科学”的启蒙来改造国民性，并结合实际寻找中国现代化道路。这场运动的基调是以新文化推动中国现代化，将反帝反封建作为明确的历史任务。这时的先进知识分子认识到，从器物、技术和制度层面变革还不能彻底改变中国，为此深切反思国民性，谴责资本现代性的文化沦落，在对帝国主义文化与封建文化的双重否定中强调以面向未来

① 《毛泽东选集》第3卷，北京：人民出版社，1991年，第1080页。

的方式塑造新文化，作为开辟现代化新路的精神力量。随着马克思主义作为社会变革的指导思想传入中国，先进知识分子逐步接受了唯物史观、剩余价值学说和科学社会主义理论，为中国共产党的成立做了思想上的准备。

马克思主义为中国的民族解放事业提供了强大的现实性和科学理性思维，激活了支撑中国现代化的现实历史的伟力，以一场由先进思想指导的社会革命作为中国现代化的现实根基。中国共产党的成立是开天辟地的大事变，结束了此前未能找到符合中国具体实际的现代化道路的局面，从此团结带领人民在民族解放和社会主义建设中确立中国现代化的方案。我们党在成立伊始就将为中国人民谋幸福、为中华民族谋复兴作为自己的初心和使命，党领导的新民主主义革命是“新式的民主革命，虽然在一方面是替资本主义扫清道路，但在另一方面又是替社会主义创造前提”[①]。在这场革命中，我们党将现代化作为中国社会发展的前景，强调推翻“三座大山”的压迫，提倡现代化军事工业和军队现代化[②]，在艰苦卓绝的斗争中取得了新民主主义革命的胜利，建立了新中国，确立了社会主义基本制度，使中国现代化具有了根本政治条件。

随着新中国成立，帝国主义强加给中国的一切不平等条约和外国人在中国的特权得到废除和取缔，中华民族实现了完全独立，中国人从此站起来了。毛泽东在第一届全国人民代表大会第一次会议开幕词中指出：“准备在几个五年计划之内，将我们现在这样一个

① 《毛泽东选集》第 2 卷，北京：人民出版社，1991 年，第 647 页。
② 《周恩来军事文选》第 2 卷，北京：人民出版社，1997 年，第 85－86 页。

经济上文化上落后的国家，建设成为一个工业化的具有高度现代文化程度的伟大的国家。”[①] 中国式现代化由此从梦想走向现实，在实践中彰显历史唯物主义的直接现实性，而且在理论上呈现反映实践思维方式的科学规定。经过完成对农业、手工业和资本主义工商业的社会主义改造，实现生产资料所有制的社会变革，为我国社会主义基本制度的确立奠定了经济基础。社会主义现代化的内涵逐渐明确，具体体现为工业、农业、交通运输业和国防的现代化。[②] 这时中国现代化探索不再是被动的，而日益展现出内生性力量。

社会主义现代化进程不断彰显中华民族的实践自觉，在内生性探索中体现为一种“历史的选择”。随着毛泽东提出过渡时期总路线，社会主义工业化和社会主义改造同步展开，这时中国现代化主要体现为工业化，起初带有向苏联学习的浓重印记。在反思苏联现代化弊端的过程中，毛泽东进一步寻找符合中国国情的现代化道路，他在扩大的中央工作会议上的讲话中指出，“我们必须准备进行同过去时代的斗争形式有着许多不同特点的伟大的斗争。为了这个事业，我们必须把马克思列宁主义的普遍真理同中国社会主义建设的具体实际……尽可能好一些地结合起来”[③]。中国现代化逐渐体现为农业、工业、国防和科学技术现代化，开始实行“两步走”设想，并将共同富裕作为重要目标。“这种共同富裕，是有把握的，不是什么今天不晓得明天的事。那种不能掌握自己命运的情况，在

① 《毛泽东文集》第6卷，北京：人民出版社，1999年，第350页。
② 《周恩来选集》下卷，北京：人民出版社，1984年，第132页。
③ 《毛泽东文集》第8卷，北京：人民出版社，1999年，第302页。

几个五年计划之内，应该逐步结束。”① 可见，共同富裕这一重要特征伴随着中国现代化进程，与马克思主义中国化的历史紧紧联系在一起，在现实中淬炼的中国化马克思主义为扫清中国现代化的障碍提供了理论基础，反映了社会主义的本质要求，彰显了中国道路的实践逻辑。

中国式现代化体现了马克思主义的中华民族形式，实现了中华民族在现代化进程中的自我超越，呈现了现代化进程中一种前所未有的进步特征。历史证明，中国式现代化道路既不同于西方资本主义现代化道路，也不同于苏联现代化模式，亦非对马克思主义基本原理的教条化运用，而是基于符合中国国情的实践探索，体现了生产方式变革与中国社会发展能动因素的结合。这是一条符合实现中华民族伟大复兴和中国人民根本利益的现代化新道路，在“百年未有之大变局”中彰显了中国发展的历史选择。可以说，中国式现代化是从一穷二白的基础上起步的，经过艰苦卓绝的探索不断前进，以中国正处于并将长期处于社会主义初级阶段作为基本依据，制定政策、规划未来。中国式现代化遵循的实践逻辑表明，必须不断实现马克思主义在中国的具体化，必须以社会主义的制度优势开拓中华文明的崭新图景，这在改革开放进程中得到深刻体现。

改革开放更新了人们的思维方式和价值观念，努力更快地赶上时代。邓小平提出“要适合中国情况，走出一条中国式的现代化道路”②，在结合实际思考社会发展走向的过程中构思中国“整个现

---

① 《毛泽东传（1949—1976）》（上），北京：中央文献出版社，2003 年，第 445 页。

② 《邓小平文选》第 2 卷，北京：人民出版社，1994 年，第 163 页。

代化的蓝图”[①]，他将“四个现代化”概括为“小康之家”，并用“小康社会”[②] 表明中国式现代化，“把世界一切先进技术、先进成果作为我们发展的起点”[③]。改革开放为中国式现代化提供了强大动力，在社会主义现代化建设的“三步走”战略中，第三步就是到21世纪中叶基本实现现代化。邓小平强调中国式现代化的社会主义方向和原则：“我们要实现工业、农业、国防和科技现代化，但在四个现代化前面有‘社会主义’四个字，叫‘社会主义四个现代化’。”[④] 这种与西方现代化不同的探索超越了资本现代性症候，形成了中国特色社会主义发展道路，彰显了中国式现代化的重要特征。

改革开放40多年来的实践探索表明，中国式现代化在中国特色社会主义的现实场域呈现了马克思现代性思想中国化的实践逻辑，在马克思主义中国化进程中走出的中国式现代化道路体现了历史规律的决定性和历史主体的选择性。走现代化道路体现了历史规律的决定性，而历史规律的决定性要通过历史主体的选择性来实现，历史规律形成和实现于历史主体的具体的实践活动中。正是因为将现代化发展作为执政兴国的第一要务，坚持以人民为中心，强调人民是历史的创造者和真正的英雄，中国共产党团结带领人民进行矢志不渝的探索，建立社会主义市场经济体制，使14亿人口的

---

① 《邓小平年谱（1975—1997）》（上），北京：中央文献出版社，2004年，第582页。

② 《邓小平文选》第3卷，北京：人民出版社，1993年，第54页。

③ 《邓小平文选》第2卷，北京：人民出版社，1994年，第111页。

④ 《邓小平文选》第3卷，北京：人民出版社，1993年，第138页。

中国摆脱贫困，实现从温饱到总体小康的跨越，实现了中国经济社会发展的伟大转折和历史性超越，其中的实践逻辑反映了在马克思主义中国化进程中归纳的社会主义现代化的规律性特征。

党的十八大以来，我们党将人民对美好生活的向往作为奋斗目标，如期打赢脱贫攻坚战，全面建成小康社会，取得了社会主义现代化建设的历史性成就。习近平总书记提出国家治理体系和治理能力现代化，强调在“新时代谋划全面深化改革，必须以坚持和完善中国特色社会主义制度、推进国家治理体系和治理能力现代化为主轴，深刻把握我国发展要求和时代潮流，把制度建设和治理能力建设摆到更加突出的位置”①，从而在制度现代化层面实现中国现代化的整体发展。在新时代，全面建成社会主义现代化强国的时间表和路线图日益清晰，在全面建成小康社会的基础上，经过 15 年，到 2035 年基本实现现代化，再过 15 年，到 21 世纪中叶，建成富强民主文明和谐美丽的社会主义现代化强国。以人民为中心，实现人口规模巨大的现代化，以超过现有发达国家人口总和的规模改写现代化的世界图景，不断提升中国特色社会主义物质文明、政治文明、精神文明、社会文明、生态文明。

站在中国式现代化新的历史起点，更好地满足分配供给的公正性需求，进一步实现共同富裕成为社会共识。习近平总书记指出：“随着我国全面建成小康社会、开启全面建设社会主义现代化国家

① 《中共中央关于坚持和完善中国特色社会主义制度 推进国家治理体系和治理能力现代化若干重大问题的决定》，北京：人民出版社，2019 年，第 49 页。

新征程，我们必须把促进全体人民共同富裕摆在更加重要的位置。”① 在高质量发展中促进共同富裕，不断完善社会治理模式，坚定不移地走中国式现代化道路，在世界历史视域中彰显了中国特色社会主义发展理念的实体性内容，实际地超越了资本现代性的弊端，体现了历史唯物主义的原则高度。其中创造的人类文明新形态表明，特定的世界历史民族在一定的历史进程中承担着特定的历史任务，取得的成就具有世界历史意义。

百余年来，中国式现代化取得了举世瞩目的发展奇迹，基本完成了西方国家 200 多年的现代化建设的探索，在经济社会发展速度和质量上实现了“时空压缩”。几代中国人接力推进中国式现代化的历史经验表明，“世界上没有放之四海而皆准的具体发展模式，也没有一成不变的发展道路。历史条件的多样性，决定了各国选择发展道路的多样性”②。马克思主义基本原理同中国具体实际相结合体现为一种实践逻辑，不能将马克思主义基本原理公式化，而要运用历史唯物主义原则在实践中创造新世界。“独特的文化传统，独特的历史命运，独特的基本国情，注定了我们必然要走适合自己特点的发展道路。”③ 马克思主义中国化与中国式现代化彰显了实践的思维方式，遵循历史规律创造历史，在世界历史进程中展现了具有中国风格和中国气派的体现社会主义本质的现代文明形态。

---

① 《中共中央关于制定国民经济和社会发展第十四个五年规划和二〇三五年远景目标的建议》，北京：人民出版社，2020 年，第 55 页。

② 《十八大以来重要文献选编》（上），北京：中央文献出版社，2014 年，第 699 页。

③ 《习近平谈治国理政》第 1 卷，北京：外文出版社，2018 年，第 156 页。

由此可见，马克思主义中国化与中国式现代化道路的本质的、必然的联系是历史性的，洋务运动、维新变法、辛亥革命、五四运动以及其间在中国传播的功利主义、改良主义、空想社会主义、工读主义等思潮都不同程度地参与过中国现代化的最初进程，但真正确立中国现代化的坚实基础并主导其历史进程的是中国共产党领导的现代化事业。在这项事业的现实的历史中，为中国人民谋幸福、为中华民族谋复兴成为一种历史的自觉，这项历史的事业不是先验设定的，而是在现实的历史中塑造的，它实际地体现了受历史传承、文化传统、经济社会发展影响的现代化的中国式探索，体现为党领导人民在百年现代化进程中的赓续奋斗，体现为逐渐改进和内生性演化的结果，进而在世界历史中彰显普遍性内涵。在中国式现代化途中创造人类文明新形态，其意义并非移植西方现代化的样本，而在于建构一种超越资本现代性的文明形态。这表明，现代化并非仅指西方现代化或资本主义现代化。中国式现代化实现了物质文明和精神文明相协调，人与自然和谐共生，这种文明新形态具有坚实的物质基础，具有彰显其历史规定性的文化特征，具体体现为马克思主义中国化和中华优秀传统文化的创造性转化。

三、中国式现代化与中华优秀传统文化的创造性转化

中国式现代化是马克思主义基本原理同中国具体实际和中华优秀传统文化相结合的实践场域，体现了中国人徐图自强、赶上时代

的精神历程，彰显了中华民族的历史主体意识。中华优秀传统文化在历史演进中不断得到创新性发展，体现为受现实的历史影响的人文日新的过程。当其被对象化为历史实践，就转换为历史的具体。换言之，实现中华优秀传统文化的创造性转化，要将与时俱进的思想理念、人文精神和传统美德转化为现实的社会文明。当然，并非所有的文化理想都能成为现实，正如恩格斯所说，“文明是实践的事情，是社会的素质”①。文化的实践转化体现为社会存在，形成彰显时代精神的现实物质力量。文明是从低级向高级发展的，继承中华优秀传统文化，并非依靠古代文明解决今天的问题，而是要在实践中创造符合新时代发展要求的新文明。

中国共产党以马克思主义为指导，团结带领人民取得新民主主义革命和社会主义革命的胜利，在实践中使马克思主义基本原理同中国具体实际和中华优秀传统文化相结合，形成了马克思主义中国化的理论形态，成为中国式现代化道路的理论基础，具有深远的历史意义。探究马克思主义基本原理同中华优秀传统文化相结合之于中国式现代化的重要意义，乃是要揭示特定的世界历史民族在实现特定历史任务时秉持的文化自信，这样的文化自信对创造文明新形态具有特殊重要性。马克思主义为中国先进知识分子所理解和接受，必然体现为中国文化形式，其传播和实际运用必然带有中国的特性，并在转化为中国话语的过程中得到彻底的表达。正如毛泽东所说，“必须将马克思主义的普遍真理和中国革命的具体实践完全

① 《马克思恩格斯文集》第1卷，北京：人民出版社，2009年，第97页。

地恰当地统一起来，就是说，和民族的特点相结合，经过一定的民族形式，才有用处，……中国文化应有自己的形式，这就是民族形式”①。

从中国式现代化的传统文化资源角度看，用以表示中国式现代化的“小康”具有悠久的中国传统文化背景，是在马克思主义中国化进程中被赋予新义的中国话语。1979 年，邓小平在会见日本首相大平正芳时指出：“我们要实现的四个现代化，是中国式的四个现代化。我们的四个现代化的概念，不是像你们那样的现代化的概念，而是‘小康之家’。”② 他谈到“小康的状态”和“小康的国家”时强调经济社会发展要达到“小康水平”，实际上指的是有中国特色的物质丰裕的社会主义现代化，经济社会发展达到中等发达国家水平。因此，要实现物质文明和精神文明共同发展，“两手抓”，“两手都要硬”，这表明中国式现代化既要尽快赶上西方发达国家的经济发展水平，又要遵循社会主义的本质要求，形成与之相适应的人的文化素养和社会风尚。

“小康”一词最初源于《诗经·大雅·民劳》，原指丰裕安乐的社会状态。“民亦劳止，汔可小康”“民亦劳止，汔可小休”“民亦劳止，汔可小息”“民亦劳止，汔可小愒”“民亦劳止，汔可小安”。孔子将“小康”视为“守礼义”“笃父子”“睦兄弟”“和夫妇”的社会，这样的社会丰实有序，但尚未达到“老有所终，壮有所用，幼有所长，矜寡孤独废疾者皆有所养”的“大同”社会。何休在

① 《毛泽东选集》第 2 卷，北京：人民出版社，1991 年，第 707 页。
② 《邓小平文选》第 2 卷，北京：人民出版社，1994 年，第 237 页。

《公羊传》解诂中提出“衰乱”“升平”“太平”三世说，以此重新安置儒家的秩序。其中，“升平”世大体上相当于“小康”，体现了一种和平崛起的发展状态。[①] “小康”不仅体现为一种社会发展状态，而且体现为人们对国泰民安的期待。《诗经》中提到的“小康”“小休”“小息”“小愒”“小安”指的都是百姓安康，过上较为舒服、殷实的生活状态。

不断满足人民追求美好生活的需要，体现了“小康之家”的中华优秀传统文化底蕴，体现了实现中国式现代化的价值目的。这就要使人民群众摆脱贫困和劳苦的生活，努力实现共同富裕，这种汲取中华优秀传统文化精华的思路体现了中国共产党的文化自觉。“中国共产党从成立之日起，既是中国先进文化的积极引领者和践行者，又是中华优秀传统文化的忠实传承者和弘扬者。”[②] 可以说，马克思主义与中华优秀传统文化是我们党与生俱来的文化基因，在中国式现代化道路上，我们党注重从中国具体实际出发，在实践探索中使中华优秀传统文化在保留自身独特性的同时，不断面向未来丰富其现代内涵，进而实现中华文明的现代重建。例如，汲取求同存异、和谐共生、兼容并包等思想的时代精华，反对霸权主义和强权政治，坚持睦邻友好和互利共赢，解决一系列文化冲突，在新的价值层面进行文化整合，使中国式现代化成为传承中华优秀传统文化和光耀中华文明的现代化。

---

① 臧峰宇、罗兰·博尔：《全面建成小康社会的观念资源与现实探索》，《当代中国价值观研究》2020 年第 1 期。

② 《习近平谈治国理政》第 3 卷，北京：外文出版社，2020 年，第 35 页。

与此同时，马克思主义为中华优秀传统文化注入了科学理性精神和强大动力，为其创新性发展提供了深刻思想内涵。“创新性发展，就是要按照时代的新进步新进展，对中华优秀传统文化的内涵加以补充、拓展、完善，增强其影响力和感召力。”① 纵观中华优秀传统文化发展历程，可见创新性发展是中华文化绵延不绝的重要成因。创新的前提是传承，要积极总结符合时代需要的古典智慧，扎根于滋养中国人精神世界的文化土壤，弘扬跨越时空、富有永恒魅力和当代价值的优秀传统文化，由此实现符合时代精神的古为今用和推陈出新。传统文化推陈出新，要不断适应时代发展要求，去粗取精，去伪存真，赋予其新的时代内涵和哲学新义，使其与现代社会相协调，随着时代前进的步伐不断实现创新性发展。

从马克思主义基本原理同中华优秀传统文化相结合的角度看，中国式现代化体现了马克思主义中国化的历史选择，满足了中华优秀传统文化实现创造性转化的内在要求。“马克思主义传入中国，能够成为中国的主流意识形态，是因为它适应了中国现代化的需要；马克思主义是在正确解答中国的现代化问题，创造中国的新思想、新文化的活动中成为中国先进文化的代表，并从中获得了中国文化身份的合法性。”② 马克思主义中国化使马克思主义成为中国思想文化的主导观念，实现中国化的马克思主义为中国社会发展注入科学理性精神，使中国古代道德理性传统经受现代文明洗礼。马

① 习近平：《论党的宣传思想工作》，北京：中央文献出版社，2020 年，第 57 页。

② 何萍：《从马克思主义哲学中国化的视角看马克思主义与儒学的关系》，《思想理论教育》2015 年第 1 期。

克思主义中国化在面对中国具体实际的实践探索中不断深化对马克思主义基本原理同中华优秀传统文化的结合与创新，赋予中国式现代化以明确的任务和文化特质。

百余年来，中国共产党始终将马克思主义写在自己的旗帜上，运用唯物辩证法和唯物史观认识并解决中国社会主要矛盾和矛盾的主要方面，激活了积淀几千年的中华文明的伟力，团结带领人民延续民族文化血脉，开拓进取。马克思主义中国化创造了中华文化的新气象，使中华优秀传统文化吸收科学理性精神，亦丰富了马克思主义的中华文化内涵。体现马克思主义基本原理同中华优秀传统文化相结合的民族的科学的大众的文化，在社会主义建设和改革开放进程中面向世界、面向现代化、面向未来，彰显了中国式现代化的精神气质。朝向文明新形态的中国式现代化植根于中华文化沃土，却并非颂古非今，而是反映中国特色社会主义经济和政治的发展，具有鲜明的时代内容。

马克思深刻指出资本现代性在全球流动加速了前现代社会的消逝，“在再生产的行为本身中，不但客观条件改变着，例如乡村变为城市，荒野变为开垦地等等，而且生产者也改变着，他炼出新的品质，通过生产而发展和改造着自身，造成新的力量和新的观念，造成新的交往方式，新的需要和新的语言”①。这对中华优秀传统文化的创造性转化具有启示意义，在中国现代化进程中必然形成带有中国风格、中国气派的新的文化观念、话语和交往方式，由此塑

① 《马克思恩格斯文集》第8卷，北京：人民出版社，2009年，第145页。

造现代中国人的文化品质和精神力量。因此，强调中华优秀传统文化作为中国式现代化的文化基因，并非意味着中国式现代化具有某种前现代特征，而是表明同马克思主义基本原理相结合的中华优秀传统文化具有跨越时空的精神力量，在创新性发展中以独特的方式破解现代化进程中的普遍问题，构成中国人喜闻乐见的现代化的中国文化形式。这是一种不同于西方现代文明的文化发展思路，为发展中国家走现代化道路提供了全新的选择。

百余年来在中国实践场域中探索的现代化新路力图摆脱资本逻辑的束缚，扬弃零和博弈的思维方式，展现了世界历史意义。“当今中国的历史性发展之所以展现其世界历史意义，是因为中华民族的伟大复兴不仅在于中国将成为一个现代化强国，而且还在于：它在完成其现代化任务的同时正在开启一种新文明类型的可能性。”① 也就是说，中国式现代化并非实现西方现代化的某种翻版，而旨在于中国特色社会主义发展进程中完成现代化的历史任务，并以共同富裕为重要特征，在摆脱资本逻辑的探索中实现现代文明向更高形态跃迁。可以说，百余年来中华民族在社会发展的历史具体中实现了马克思对现代文明转型的期待，反映了特定的世界历史民族在走向现代化过程中不断解放和发展社会生产力，不断满足人民群众对美好生活需要的历史自觉，释放了强大的社会发展活力。

从中华优秀传统文化的创造性转化的角度看，将中华优秀传统文化中的美好理念转化为中国特色社会主义的制度文明，要把握中

---

① 吴晓明：《世界历史与中国道路的百年探索》，《中国社会科学》2021 年第 6 期。

华优秀传统文化转化为现代新文明的实践逻辑。在中华民族5000多年文明史和世界社会主义发展500年的视野中理解这个问题，就会对中华民族在实践创造中进行文化创造充满信心，理解中华优秀传统文化的创造性转化何以在历史进步中实现。马克思主义基本原理同中华优秀传统文化相结合确立了文化自信的根基，“文化自信是更基础、更广泛、更深厚的自信，是一个国家、一个民族发展中最基本、最深沉、最持久的力量，没有高度文化自信、没有文化繁荣兴盛就没有中华民族伟大复兴”①。从历史事实出发理解文化的发展过程，就会认识到中华优秀传统文化的实践转化是具体的、有条件的，实现其转化的是选择和实践这种文化理念的历史创造者。

历史上以儒家思想为主导的中原政权在战争中往往不是善骑射的游牧民族的对手，受农耕文化影响的人们安土重迁、不舍家园。但是，马上得天下而不能马上治之，在战争中取得政权的游牧民族往往要学习儒家治理理念与实践。② 民族文化的融合正是在此过程中实现的，经过融合创新的文化在转化为文明的过程中体现了时代进步。文化需要积淀和传承，文明则体现为新旧更替的实践创造，新文明彰显了更先进的物质力量。现代化的实质是生产方式变革引发的社会变迁，随之而来的是生成适应现代社会生产方式的新文化，文化在人们的生产生活实践中得到创造性转化，现代文明由以取代古代文明。在新时代，中华优秀传统文化创造性转化和创新性

---

① 《中共中央关于党的百年奋斗重大成就和历史经验的决议》，北京：人民出版社，2021年，第44页。

② 陈先达、臧峰宇：《文化的实践转化与制度文明的时代建构》，《中央社会主义学院学报》2020年第4期。

发展的着力点是建设新文明形态。文明总是与其所处社会的生产方式相适应，走中国式现代化道路，实现中华民族伟大复兴，需要发展为此提供保障的中国特色社会主义制度文明，由以激活文化传统的生命力。

中华优秀传统文化的创造性转化是在中国特色社会主义实践场域中展开的，有其明确的时代性和现实的问题域。因而，要基于中国经济社会发展的现实与趋势理解中华优秀传统文化创造性转化的“所以然”与“所当然”。社会主义现代化塑造了超越资本现代性的模式，彰显了中华文明的现代形式，使之得到符合时代精神的表达。例如，以儒家思想为主导的中华优秀传统文化强调自强不息、贵和尚中、大一统、居安思危、和而不同、协和万邦，这些思想在中国共产党带领人民踔厉奋发的实践中被转化为奋斗精神、和谐情怀、集中统一观念、忧患意识、集体主义精神、国际主义精神，使中华优秀传统文化焕发时代光彩，克服西方“现代性之殇”及其带来的人类危机，成为人们追求共同富裕和共享发展的文化底蕴，为构建人类命运共同体提供了中华优秀传统文化资源。

实现中华优秀传统文化的时代创新与自我超越，指向人的全面发展和社会的全面进步。人的现代化是现代化的本质与核心，中国现代化的实在进程在人们创造新文明的实践中展开，现代文明向新形态跃迁本质上体现为满足不断增长的美好生活需要的社会发展水平与人的自主性能力的提高程度。“人，本质上就是文化的人，而不是‘物化’的人；是能动的、全面的人，而不是僵化的、‘单向度’的人。人类不仅追求物质条件、经济指标，还要追求‘幸福指数’；不仅追求自然生态的和谐，还要追求‘精神生态’的和谐；不仅追求效率和公平，还要追求人际关系的和谐与精神生活的充实，追求生命的意义。”① 随着中国经济社会发展水平不断提高，中国人在现代化途中逐渐形成符合时代发展要求的思维方式和价值观念，不断增强与社会主义市场经济相适应的现代意识。创造中国式现代化道路与实现中国人的现代化处于同一历史进程，因为人的现代化要在社会的现代化过程中实现，而迈向更高文明程度的现代化，必然将人的全面发展作为出发点和落脚点。社会主义现代化的实践探索与中华优秀传统文化的创造性转化为中国人的现代化创造了必要条件，使不断提高现代文明程度的社会主义建设者融入民族复兴的伟业之中。

综上可见，马克思主义基本原理同中国具体实际和中华优秀传统文化相结合，彰显了马克思主义的中国风格和中国气派，满足了中国式现代化的实践需要，为中国现代化建设提出了明确的任务和路径。中华优秀传统文化通过走向文明新形态的中国现代化实践，实现了创造性转化，在社会主义现代化进程中满足中华儿女共同的文化心理和价值追求。实现创新性发展的中华优秀传统文化体现了中国特色社会主义制度的优越性，体现了中国化马克思主义既一脉相承又与时俱进的文化内涵。正如习近平总书记所指出的：“从世界社会主义500年的大视野来看，我们依然处在马克思主义所指明

① 习近平：《之江新语》，杭州：浙江人民出版社，2007年，第150页。

的历史时代。”[①] 在全面开启建设社会主义现代化国家新征程上，实现中华优秀传统文化创造性转化和创新性发展，要坚持问题导向，秉持历史的观点和实践思维方式，超越资本现代性的危机，在中国特色社会主义的实践场域中进一步促进马克思主义基本原理同中华优秀传统文化相结合，形成中华文化的再生机制，促进民族精神与时代精神的融合，建设社会主义文化强国。在这个意义上，百余年来以马克思主义为指导的中国式现代化探索实现了马克思对现代文明转型的期待，在艰苦卓绝的实践中创造了人类文明新形态，具有世界历史意义。

① 《深刻认识马克思主义时代意义和现实意义 继续推进马克思主义中国化时代化大众化》，《人民日报》2017 年 9 月 30 日。

第四章　马克思主义哲学中国化的文化语境

理解马克思主义哲学中国化的历史成因和发展历程，必然关注马克思主义哲学与中华优秀传统文化的关系问题，因为马克思主义哲学为中国有识之士所选择和发展在很大程度上体现了文化自觉和文化认同。马克思主义哲学中国化的文化自觉体现了中国先进知识分子在现代化途中做出的具有中国风格和中国气派的历史选择，马克思主义哲学中国化的文化认同反映了中国学人在新民主主义革命、社会主义建设、改革开放和新时代伟大变革中以唯物史观整合优秀文化资源的价值底蕴。当我们从文化自觉与文化认同角度理解马克思主义哲学中国化的历史必然性与现实必要性的时候，就会深刻地意识到，实现中华民族伟大复兴，需要塑造当代中国社会发展的精神高度，在马克思主义哲学中国化的文化语境中理解中国经济“奇迹”与中华民族的精神自我的辩证关系，实现马克思主义哲学同中华优秀传统文化的视域交融。

一、文化自觉：马克思主义哲学同中华优秀传统文化的视域交融

当启蒙思想在欧洲盛行之际，晚清士人多以文化保守主义姿态嘲笑西方“蛮夷”，直至180余年前的鸦片战争，中国遭受坚船利炮的轰击和外族铁蹄的践踏，这个沉重的历史事件唤醒了陷入华夷之思的士大夫阶层，震惊了中国知识分子的精神世界。闭关锁国的晚清政府在被英国人称为“通商战争”的这次事件中被迫割地赔款。林则徐、魏源等晚清知识分子“开眼看世界”，试图“师夷长技以制夷”，在晚清封建制度内部寻求自救之路。他们审视中国在当时世界发展格局中的实际处境，希望找到强国富民的可行路径，在西方列强面前确立中国应有的文化形象和文化尊严，使中华民族走出囹圄走向复兴。此乃中国梦的萌芽，它意味着现代中国思想界的第一次文化自觉。从那时开始，中国梦伴随中国人180余年来的实践探索和精神跋涉，这种探索和跋涉是负重前行的，因而饱含历史的沧桑和文化的选择。

不久，第二次鸦片战争的惨败再次震惊国人，李鸿章、张之洞等洋务派官员为此强调“中学为体，西学为用”，试图以理“和戎”，“借法自强”，即通过外交谈判的方式避免战争，同时学习西方国家先进的经济生产方式和科学技术，改变中国落后的社会境

况。但是，此举收效甚微，而晚清海军在甲午海战中近乎全军覆没则直接宣告了洋务运动的失败。两次鸦片战争使中国开始沦为半殖民地半封建社会，在战败中震惊的中国知识分子变革晚清社会的愿望极为强烈。这种愿望并非旨在恢复中国历史上的“朝贡体系”或“中央王国”的地位，而是旨在使中国成为一个繁荣富强的现代国家，避免遭受殖民的历史境遇，进而能够在国际舞台上与其他国家平等对话与合作。

由于晚清中国社会积弊颇多，国人长久处于精神蒙昧的状态，因而中国梦的实现道路步履维艰。正值晚清政府因战败与日本政府签订割让台湾和辽东并赔款两亿两白银的《马关条约》之际，在京应试的举人们震惊“国将不国”的历史悲剧，乃由康有为领衔撰写《上今上皇帝书》，随即引发 18 省举人响应，形成声势浩大的“公车上书”事件。这场变法救国的政治活动得到了光绪皇帝的支持，他以颁布《明定国是诏》的方式启动戊戌变法，使晚清社会出现了死水微澜的场景。但是，长期僵化的政治体制难以接受变法的现实，晚清贵族和封建官僚深知变法将会侵害他们的利益，于是强烈反对、多方阻挠或虚与委蛇。缺乏足够政治经验的维新派没能使中国确立君主立宪政体，这次变法在 103 天后终以慈禧“垂帘听政”而告终，现代中国知识分子的第一次文化自觉就这样淹没在大清帝国的皇权专制之中。

随着晚清帝国日益衰败，以八旗为主的旧式军队战斗力近乎殆尽，保守派遭遇严重的困境。此时慈禧颁布了一项新政，实际上沿用了维新派在戊戌变法时的一些政制方案，但这已对扭转晚清衰败的局面于事无补。此后建立的“皇权内阁”更是引起社会普遍不满。由于在封建社会内部无法实现中国梦，值此危急存亡之秋，兴中会、华兴会、光复会、共进会、同盟会等革命团体纷纷成立。孙中山试图实现资产阶级革命的突围，立志变更“官僚得志，武人专横，政客捣乱，民不聊生”的社会局面，为此在英、美、德、法、日等国寻求华侨的支持。吸取第一次广州起义、惠州起义和黄花岗起义失败的教训，他于 1911 年成功地发动了辛亥革命，这次革命引发了多数中国知识分子的文化自觉，实乃“亚洲的觉醒”。

此时，中国社会的日常文化万象更新。孙中山希望通过资产阶级革命的胜利，“将取欧美之民主以为模范”，使处于半殖民地半封建社会的中国融入全球资本主义体系。但辛亥革命成功之后，希望中国走上民主共和道路的孙中山缺乏执政的社会基础，国内军阀混战，民众尚未摆脱蒙昧的状态，唯有寄望于西方国家的财政支持。他对此颇有信心，因为辛亥革命后的中国将与西方国家拥有共同的意识形态和经济制度，可能拥有共同的利益。但当时西方政治家多不肯解囊支援，他们从实际利益角度做出的判断是，袁世凯是实现西方列强在华最大利益的唯一强有力的人物。“革命尚未成功”，袁世凯当选中华民国大总统，他逼迫清帝逊位，此后驱散国会，成为“中华帝国”的洪宪皇帝。这个“朝代”在维持 83 天之后结束了，中国社会很快又沦为“兵强马壮者”割据的社会状态，中国梦在中国社会的沉沦中搁浅了。

任何社会的文化都是由该社会的经济基础决定的，与该社会的政治和经济相互交融，但同时也会对经济基础和政治生活产生不可忽视的反作用。通过反思中国多次变法失败和社会革命遭受挫折的现实，中国的先进知识分子意识到，革命的成功必须拥有广泛的社会基础，而中国民众的蒙昧是中国社会陷入衰落境遇的重要社会成因。他们渴望以文化普及和社会教育等方式对中国民众进行思想启

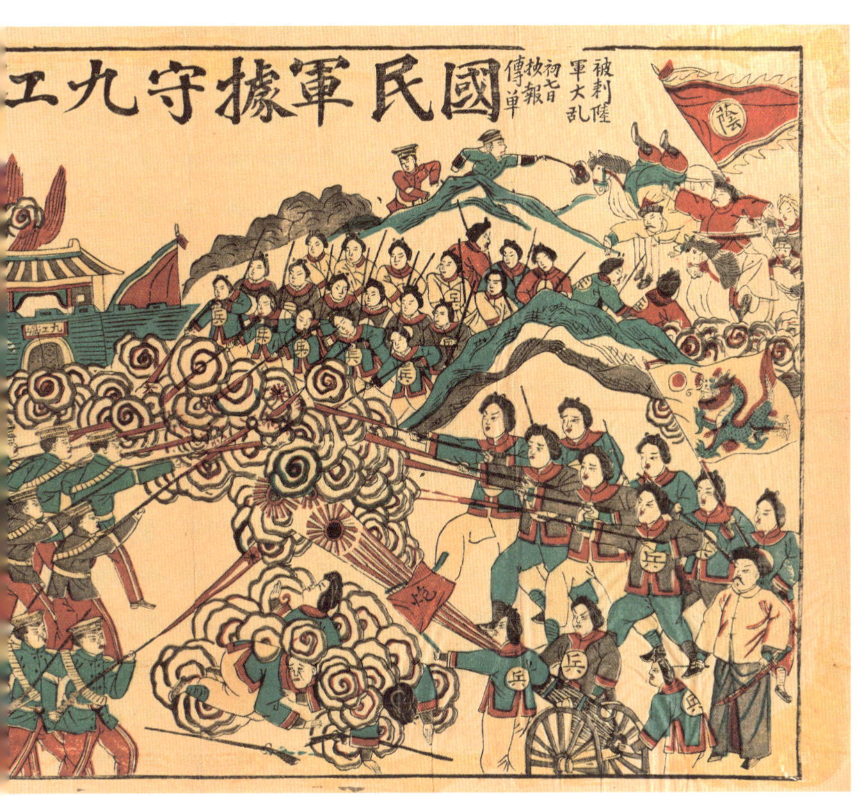

蒙，使中华民族由精神的自强而达至物质的丰盈。可以说，自 1915 年开始的新文化运动是确认现代中国文化身份的第一个重要历史坐标，这次运动倡导文学革命和白话文写作，它不仅开启了中国文学的新时代，而且是现代中国思想文化和社会政治生活变迁的起点，成为现代中国历史上第一次重要的思想启蒙。

这场启蒙以《新青年》为思想平台，形成了李大钊、陈独秀、胡适、刘半农、蔡元培等著名学者组成的文化群体，他们认为改变中国的国民性问题是解决中国问题的关键。在批判中国的国民性方面最深刻的是鲁迅，他的作品取材“多采自病态社会的不幸人们中，意思是在揭出病苦，引起疗救的注意”①。他“哀其不幸，怒其不争”，毕生期盼中国人的精神自强。即使今日我们读到这些作品，也能深切地感受到他的中国梦的温度。他要通过诊断并救治精神沉沦的中国人，在批判旧文化中创造新文化。这些关于中国梦的探索浸润着刚刚进入现代历史的中国人的使命和责任。在这段时间里，自由主义、功利主义、互助主义、工读主义、新村主义、泛劳动主义、无政府主义、空想社会主义等西方思想陆续传入中国，中国学人开始了解西方社会强大的文化基因，进而重审中国传统文化的内在机理。

中华传统文化蕴含着丰富的思想精华，浸润着刚柔相济的道德情怀，但其中也有不少思维僵化和压抑人性的文化糟粕。当时西方列强急于占领中国市场，甚至以武力侵略的方式实现其利益诉求，这种所作所为与其强调自由民主的文化精神相悖。换言之，这时中西文化均存在弊端，也均各有所长。能否扬长避短，结合中西文化之精华，成为当时中国学人的文化构想。新文化运动正是旨在实现这一构想的饱含政治关切的文化运动，这场运动试图在文学改革和道德观念革新的过程中使中国人具有现代文化观念，为此，从笃信孔夫子而改以“德先生”和“赛先生”为师，尽力普及“民主”和

① 《鲁迅全集》第5卷，广州：花城出版社，2021年，第52页。

中華民國郵務局特准掛號認為新聞紙類

新青年

LA JEUNESSE

陳獨秀先生主撰

要目

新青年　陳獨秀
青春　李大釗
On Education　溫宗堯
孔子平議(下)　易白沙
樂利主義與人生　高一涵
決鬥(短篇名著小說)　胡適
初戀(長篇名著小說)　陳嘏
當代二大科學家之思想　陳獨秀
時局對於青年之教訓　王懽
青年與欲望　陳聖任

詳細篇目 列在冊內

原名青年雜誌

第二卷第一號

上海羣益書社印行

“科学”观念。正如陈独秀所言：“我们现在认定只有这两位先生，可以救治中国政治上、道德上、学术上、思想上一切的黑暗。若因为拥护这两位先生，一切政府的迫压，社会的攻击笑骂，就是断头流血，都不推辞。”[①] 但是，西方的民主和自由观念与中国的封建文化对垒几个回合，其在民众中的话语权即消逝于无形。究其根由，当时大多数中国民众更乐于沉浸在中国传统的日用伦常观念中，怀疑乃至拒斥西方文明的观念与行为比比皆是，这种封闭保守的思维阻碍着中国社会的发展。

不久，俄国爆发了十月革命，苏俄政权建立后发表对华宣言，宣布废除帝俄时代与中国签订的一切不平等条约，放弃一切在华特权，援助中国的民族解放运动。“以俄为师”很快成为中国社会变革的明确思路。以马克思主义启蒙民众，使中国摆脱列强的左右，成为当时中国社会的流行看法。因为中国无法复制西方国家崛起的进程，也难以在半殖民地半封建状态下跻身全球资本主义体系，而效仿俄国革命，成立崭新的社会主义国家，无疑是摆脱中国历史厄运的最佳选择，这种选择浸润着中国知识分子的历史使命。做出这种选择，就意味着“以自己所学的主义打倒支配自己的主义，这种看似矛盾情况的出现，正是优秀知识分子长期接受儒家思想熏陶教育的结果，是中华文化精华生生不息、薪火相传的重要表现”[②]。因为中华优秀传统文化的精华不在于教化人们固守某种观念，而在

① 陈独秀：《本志罪案之答辩书》，《新青年》第6卷第1号，1919年。

② 吴宏亮：《试论五四时期中国优秀知识分子选择信仰马克思主义的历史必然性》，《郑州大学学报》2011年第4期。

于顺应时势、灵活变通以求修齐治平。诚如李大钊所言，“我很盼望我们新青年打起精神，于政治、社会、文学、思想种种方面开辟一条新径路，创造一种新生活”①，“由今言之，东洋文明既衰颓于静止之中，而西洋文明又疲命于物质之下，为救世界之危机，非有第三新文明之崛起，不足以渡此危崖”②。这个“第三新文明”，就是马克思主义。

在欧洲自然科学发展和经济社会变革的基础上形成的马克思主义思想广博、意旨深远，作为马克思主义的理论基础，马克思主义哲学继承了人类思想史的精华。在接受和理解马克思主义哲学的过程中，人们形成了新的世界图景和价值理念，以实践的思维方式解析社会生活中存在的实际问题。作为一种新唯物主义世界观，马克思主义哲学体现为一种倡导合理现代化实践的文化精神，以“改变世界”而非“解释世界”为思想旨归。马克思主义哲学对 19 世纪中叶以来的东西方社会均产生了深刻的影响，成为社会大多数人认同的观念文化，并作为主流思想文化实际地融入人们的日常生活。可以说，马克思主义哲学是作为一种新文化被引入中国并持续发挥重要的思想启蒙作用的，在中国现代文化发展过程中逐渐居于主导地位。因而，马克思主义哲学同中华优秀传统文化相结合实际体现为文化融合的过程。

在新文化运动后期，译介马克思主义著作成为当时中国社会思想文化的主流。各地的马克思主义研究团体纷纷成立，简明扼要的

---

① 《李大钊全集》第 2 卷，北京：人民出版社，2006 年，第 198 页。

② 《李大钊文集》（上），北京：人民出版社，1984 年，第 560 页。

马克思主义文本及阐释文本越来越多地呈现在人们面前，多种传播马克思主义的报刊先后成立。中国学人试图在马克思主义思想谱系中探索个人、国家和中华民族的历史定位，并在此基础上寻求中国的前途，其间也存在着纷繁复杂的争论。从毛泽东与蔡和森、萧子升的一组通信中，我们约略可以看到此种争论之一斑。当时游学欧洲的蔡和森与萧子升关于中国未来的阐述在一定程度上代表了当时人们对中国革命的两种看法。蔡和森说：“在现世界显然有两个对抗的阶级存在，……我对于中国将来的改造，以为完全适用社会主义的原理与方法。”而在萧子升看来：“世界进化是无穷期的，革命也是无穷期的，我们不认可以一部分的牺牲，换多数人的福利。主张温和的革命，以教育为工具的革命，为人民谋全体福利的革命。”① 面对上述两种观点，毛泽东的态度非常明确：“用和平方法去达共产目的，要何日才能成功？……假定无产者占三分二，则十五万万人类中有十万万无产者（恐怕还不止此数），这一百年中，任其为三分一之资本家鱼肉，其何能忍？”② 也正是在这段时间，阶级斗争和民族解放的观念逐渐深入人心，马克思主义的实践逻辑更新了人们的社会发展观念，将马克思主义和中国革命实践相结合，成为人们的自觉选择。

毋庸置疑，五四运动以来的中国新文化自觉带有明显的马克思主义印记，一是中国先进知识分子通过第一次世界大战认识到西方资本主义以强权代替公理的事实，西方民主和自由的神话在中国人

---

① 《毛泽东书信选集》，北京：中央文献出版社，2003年，第3页。

② 《毛泽东书信选集》，北京：中央文献出版社，2003年，第5页。

面前破灭了；二是苏维埃俄国的建立为中国学人提供了一个政治参照，阶级斗争和反对剥削压迫的革命实践符合中国广大民众的政治愿望。有鉴于此，中国先进知识分子意识到，欧风美雨难以拯救中国之命运，实现中国的启蒙与救亡，不能走西方现代资本主义的道路，而唯有“以俄国为师”，在跨越资本主义的道路上徐图自强。从这时起，中国传统文化与马克思主义哲学日趋交融，逐渐形成了马克思主义哲学中国化的理论形态。

1940 年 2 月，《中国文化》创刊，毛泽东在这本诞生于抗战时期的文化刊物上发表了《新民主主义论》，论述了中国历史的特点、中国革命的特征与新民主主义的政治、经济和文化。这篇宏文奠定了中华民族的新文化纲领，明确了新民主主义文化的基调，即“民族的科学的大众的文化，就是人民大众反帝反封建的文化”①，“这个文化新军的锋芒所向，从思想到形式（文字等），无不起了极大的革命。其声势之浩大，威力之猛烈，简直是所向无敌的。其动员之广大，超过中国任何历史时代”②。这一时期的中国文化与五四运动以前的文化颇有不同，其最大的差异在于，“中国产生了完全崭新的文化生力军，这就是中国共产党人所领导的共产主义的文化思想，即共产主义的宇宙观和社会革命论”③。这种文化观念体现了创造新文化的自觉，而这种新文化“应为全民族中百分之九十以上的工农劳苦民众服务，并逐渐成为他们的文化”④。毛泽东以扬

---

① 《毛泽东选集》第 2 卷，北京：人民出版社，1991 年，第 708－709 页。
② 《毛泽东选集》第 2 卷，北京：人民出版社，1991 年，第 697－698 页。
③ 《毛泽东选集》第 2 卷，北京：人民出版社，1991 年，第 697 页。
④ 《毛泽东选集》第 2 卷，北京：人民出版社，1991 年，第 708 页。

弃旧文化和创造新文化的激情强调：“使马克思主义在中国具体化，使之在其每一表现中带着必须有的中国的特性，即是说，按照中国的特点去应用它，……洋八股必须废止，空洞抽象的调头必须少唱，教条主义必须休息，而代之以新鲜活泼的、为中国老百姓所喜闻乐见的中国作风和中国气派。”① 正是在马克思主义哲学中国化的文化自觉中，中国梦从空想走向科学，而这在新中国成立之后的正反两方面经验中得到了深刻的体现。

二、马克思主义哲学中国化的文化认同

马克思主义哲学同中华优秀传统文化的视域融合，体现了一种文化自觉，由此逐渐形成了马克思主义哲学中国化的文化形态，成为中国革命、建设和改革的主导文化观念体系。马克思主义哲学之所以与中国传统文化达至融通之境，与二者的思维方法和价值理路的相似性也密切相关。形成于农耕社会的中国传统文化具有很强的务实品格，“这种重实际、重经验、重理智的态度体现于中国传统文化的诸方面：在科技层面上，最突出的是兵、农、医、艺四大实用文化；在人文层面上，重视日用伦常，不企求来世和天国；在思维方式上，强调‘经世致用’、‘实事求是’”②。这与马克思颠倒自

---

① 《毛泽东选集》第2卷，北京：人民出版社，1991年，第533-534页。

② 安启念主编：《马克思主义哲学中国化研究》，北京：中国人民大学出版社，2006年，第248-249页。

柏拉图以来的旧形而上学，进而创立“新唯物主义”与“新世界观”的理路有很强的相似之处。中国人强调在日用伦常之间浸润并展示文化观念的现实价值，轻视缺乏实用性的各种纯粹科学探索，从而将科学和技术几乎融为一体。这种科技一体性的传统也体现了知行合一的观念，而合一的知行观与马克思的实践思维方式可谓不谋而合。中国人自先秦以来就向往的大同理想在马克思的共产主义理论中也得到了深刻映现。此外，我们还可以从辩证法、唯物论等多重角度找到马克思主义哲学同中华优秀传统文化的内在关联，这是谙熟中华优秀传统文化的现代知识分子能够接纳马克思主义哲学的理论前提，或者说马克思主义哲学中国化一开始就是在文化认同的语境中展开的。

所以，深刻认识到创造新文化的必要性的中国先进知识分子从未忽视对中华优秀传统文化的批判继承，实际上忽视中华优秀传统文化既无必要也不可能。关于在新的历史条件下继承中华优秀传统文化的问题，毛泽东在《中国共产党在民族战争中的地位》中做出了深刻的阐释：“学习我们的历史遗产，用马克思主义的方法给以批判的总结，是我们学习的另一任务。我们这个民族有数千年的历史，有它的特点，有它的许多珍贵品。对于这些，我们还是小学生。今天的中国是历史的中国的一个发展；我们是马克思主义的历史主义者，我们不应当割断历史。从孔夫子到孙中山，我们应当给以总结，承继这一份珍贵的遗产。”① 这种历史唯物主义态度彰显了马克思主义哲学中国化的文化路径，即以马克思主义方法批判继

① 《毛泽东选集》第2卷，北京：人民出版社，1991年，第533-534页。

承中国传统文化的精华，从而形成一种具有中国文化风格和文化气魄的中国化马克思主义哲学。

新中国成立后，新文化建设的意义得到充分重视。毛泽东意识到：“随着经济建设的高潮的到来，不可避免地将要出现一个文化建设的高潮。中国人被人认为不文明的时代已经过去了，我们将以一个具有高度文化的民族出现于世界。”① 新中国的文化建设推陈出新，提倡“百花齐放，百家争鸣”，“古为今用，洋为中用”，毛泽东主张“继承一切优秀的文学艺术遗产，批判地吸收其中一切有益的东西，作为我们从此时此地的人民生活中的文学艺术原料创造作品时候的借鉴”②。在此基础上建构的社会主义文化突出独立自主、实事求是的精神，进一步发展文化的民族性、科学性和大众性，实现了马克思主义和中华优秀传统文化的进一步融合。我们应当“以‘旧邦新命’作为廓清迷雾、解开马克思主义与中国传统文化关系争论的一把钥匙”③。正如毛泽东所强调指出的，社会主义文化建设“应该越搞越中国化，而不是越搞越洋化。……要反对教条主义，反对保守主义，这两个东西对中国都是不利的。学外国不等于一切照搬。向古人学习是为了现在的活人，向外国人学习是为了今天的中国人”④。同时，“对中国的文化遗产，应当充分地利用，批判地利用”⑤。概言之，就是要充分借鉴中国传统文化和世

---

① 《毛泽东著作选读》下册，北京：人民出版社，1986 年，第 692 页。

② 《毛泽东选集》第 3 卷，北京：人民出版社，1991 年，第 860 页。

③ 陈先达：《马克思主义和中国传统文化》，《光明日报》2015 年 7 月 3 日。

④ 《毛泽东文集》第 7 卷，北京：人民出版社，1999 年，第 82 页。

⑤ 《毛泽东文集》第 8 卷，北京：人民出版社，1999 年，第 225 页。

界上其他民族的文化精华，确立社会主义现代化建设的文化基础。

这时期的中国社会生活凸显了文化的创新意识，文艺创作坚持“双百”方针，尊重文化的多样性和文化的发展规律。毛泽东力图凝聚全体人民的力量，从观念到实践上建设真正由人民群众当家作主的社会主义新中国。他认为：“我们的教育方针，应该使受教育者在德育、智育、体育几方面都得到发展，成为有社会主义觉悟的有文化的劳动者。”① 而文艺作品能够脱颖而出的关键在于，能得到人民群众的接受并引领人民群众更好地建设社会主义。可以说，“毛泽东以非凡的想象力构思了一个‘最新最美’的纯洁梦想，毛泽东想象的理想社会是一个与所有以往社会模式决裂的社会，一个不中不西的绝对新社会，所以他认为‘一张白纸’反而最适合成为绝对的新起点，他很可能相信一种全新的社会操作能够形成全新的经验，从而发展出全新的生活方式”②。毛泽东希望从根本上涤荡腐朽落后的封建思想，这个构思具有卓越的政治美学价值，是从社会经济发展和文化观念更新的双重角度立意的。

但是，文化建设在反右派斗争特别是“文化大革命”中出现了失误。为了使知识分子尽快形成文化创作的人民意识，使之坚信“人民群众是历史的创造者”，确立人民文化话语权，毛泽东强调对知识分子进行改造。“百家者，两家而已：资产阶级一家，无产阶

---

① 《毛泽东著作选读》下册，北京：人民出版社，1986 年，第 780－781 页。

② 赵汀阳：《美国梦·欧洲梦·中国梦》，载《跨文化对话》第 18 辑，南京：江苏人民出版社，2006 年。

级一家。知识分子百分之七八十是处在中间状态的。争鸣，就是两家争取这中间状态的知识分子。知识分子不能掌握自己的命运。"① 在此期间，很多学者、作家、艺术家遭到无情的批判。这里既存在对知识分子的思想批判扩大化的问题，也存在未能充分尊重文化发展规律的问题，导致了对中国传统文化的严重冲击。须知，对待传统文化应当有一种辩证的态度，"由于其肇始于过去，生成于现在，并直达于未来，在社会机体组织及人的心理结构中，有着顽强的生命力和潜在的影响力，所以，在引进先进文化形态的过程中，要全盘抛弃是不现实的，只能走一条渐进改造的道路，对其进行批判地改造，逐步建立起一种现代形态的中国文化"②。扬弃旧文化，发展社会主义新文化，应当是一个符合历史规律的文化发展过程，应当使文化发展体现人的主体性选择，并使之在实践中发展，在教育中普及。

重新面对"中国向何处去"的重大问题，要实事求是地提高人们的思想认识。改革开放新时期的思想解放具有重要的启蒙意义，"实践是检验真理的唯一标准"成为改革开放的哲学宣言。走出贫穷的生活状态，应从物质和精神两方面着眼。邓小平强调："我们要在建设高度物质文明的同时，提高全民族的科学文化水平，发展高尚的丰富多彩的文化生活，建设高度的社会主义精神文明。"③ 邓小平看重文化事业的开放性与文化的现代化，他主张促进物质文

---

① 《毛泽东传（1949—1976）》（上），北京：中央文献出版社，2003年，第665页。

② 安启念主编：《马克思主义哲学中国化研究》，北京：中国人民大学出版社，2006年，第250页。

③ 《邓小平文选》第2卷，北京：人民出版社，1994年，第208页。

明和精神文明的双重发展，倡导在中西文化交流中借鉴西方先进文明的精华。知识和人才的重要性在这个时期也开始得到充分的重视。邓小平指出："一定要在党内造成一种空气：尊重知识，尊重人才。要反对不尊重知识分子的错误思想。"① 他从战略的高度看待精神文明建设，认为"这是建设社会主义的一个战略方针问题。社会主义的历史经验和我国当前的现实情况都告诉我们，是否坚持这样的方针，将关系到社会主义的兴衰和成败"②。这种看法反映了当时中国文化发展的实际情况，改变了所谓"知识越多越反动"的观念，使很多知识分子真切地感受到"科学的春天"。

改革开放以来，具有民族风格、现代气息和多样内容的中国文化在社会生活中体现着越来越重要的价值。发展中国特色社会主义文化，成为中国社会的主导文化意识。因为"有中国特色社会主义的文化，是凝聚和激励全国各族人民的重要力量，是综合国力的重要标志。它渊源于中华民族五千年文明史，又植根于有中国特色社会主义的实践，具有鲜明的时代特点；它反映我国社会主义经济和政治的基本特征，又对经济和政治的发展起巨大促进作用"③。深化文化体制改革，提高国家文化软实力和国家文化形象，以文化自觉和文化自信推进社会主义文化发展和繁荣，逐渐成为中国文化发展的主导话语。这时期中华优秀传统文化得到应有的重视，"建设和谐文化，培育文明风尚"，"弘扬中华文化，建设中华民族共有精

---

① 《邓小平文选》第 2 卷，北京：人民出版社，1994 年，第 41 页。

② 《十二大以来重要文献选编》（上），北京：人民出版社，1986 年，第 25 页。

③ 《江泽民文选》第 2 卷，北京：人民出版社，2006 年，第 33 页。

神家园”，“推进文化创新，增强文化发展活力”[①]，成为文化发展的强音，以人为本的文化观念和文化发展举措促进了马克思主义哲学同中华优秀传统文化进一步融合。由此形成的社会主义和谐文化体现了人与人、人与自然、人与社会以及人与自我的和谐相处，致力于建构融洽互补的社会关系格局，成为中国社会生活的精神支撑。

马克思主义哲学在中国的传播促进了中国社会的思想启蒙，也在两次历史性飞跃中产生了毛泽东哲学思想和邓小平哲学理论，形成了指导中国革命、建设和改革的思想方法和工作方法，推动了中国传统文化的创造性转化和创新性发展，奠定了中国特色社会主义的哲学基石。正是因为马克思主义哲学在中国的实际应用，中国人的思维方式和价值观念与时俱进。经过对教条主义和经验主义的扬弃，逐渐具有民主和科学观念的中国人开始运用实践的观点分析复杂深刻的矛盾关系，探索把握矛盾和处理问题的认识论和方法论。通过纠正“两个凡是”的思想观念，中国人在解放思想的过程中坚持实事求是，走出了中国特色社会主义道路。在马克思主义哲学中国化进程中，中国学人归纳了中国现代化道路的世界历史意义，也与时俱进地提出了各种改变世界的思路与方法，在中国社会发展的关键时期发挥了重要的作用。

党的十八大以来，中国梦从空想走向科学，体现了新时代马克思主义哲学中国化的文化境界。中国梦是国家富强、民族复兴和人民幸福之梦，具有积极参与、尽力成就国际社会和平发展的世界历

---

① 胡锦涛：《高举中国特色社会主义伟大旗帜 为夺取全面建设小康社会新胜利而奋斗》，北京：人民出版社，2007 年，第 35、35、36 页。

史意义，它为新时期中国文化形象增添上了一抹亮色。如今，中国成为屹立在国际舞台上的一个负责任的大国，与世界各国同心打造命运共同体。正如习近平总书记所指出的："中国人民圆梦必将给各国创造更多机遇，更好促进世界和平与发展。中国将始终做世界和平的建设者，坚定走和平发展道路，永不称霸，永不扩张，永不谋求势力范围。中国将始终做全球发展的贡献者，坚持走共同发展道路，欢迎各国搭乘中国发展'顺风车'。"① 中国梦彰显了中国特色社会主义文化价值理念，反映了中国文化发展与经济发展、政治发展的内在关系，体现了中国特色社会主义文化发展的普遍性与特殊性，体现了中国文化的世界情怀。深入理解中国梦的文化价值，应阐发马克思主义哲学中国化的时代精神，在合理汲取中国传统文化精神实质的基础上推陈出新，培育和践行社会主义核心价值观，实现文化发展合规律性与合目的性的统一。

三、塑造当代中国社会发展的精神高度

在实现中华民族伟大复兴中国梦的历史进程中，需要进一步实现马克思主义哲学中国化的文化自觉和文化认同，进而塑造当代中国社会发展的精神高度。改革开放以来，中国社会发展取得了举世瞩目的成就，但是，道德迷失、文化失范、价值虚无等精神层面的

---

① 《习近平出席第七十届联合国大会一般性辩论并发表重要讲话》，《人民日报》2015年9月29日。

问题也令人深思，社会矛盾和社会冲突增加了各种社会风险因素。劳资矛盾、贫富差距以及因人口流动和征地拆迁带来的矛盾凸显，各种"群体性事件"冲击着人们的视线，因环境污染造成的生态危机也引发了很多社会问题。我们应该看到，在实现中国现代化的道路上，最佳机遇期和矛盾凸显期共存，而社会矛盾最后要反映到人们的精神世界。使人们摆脱精神危机，建构中华民族共有的精神家园，应以任重道远的情怀加强中国特色社会主义文化建设。其中关键在于合理理解马克思主义哲学中国化的文化进程，确立中华民族的思想自我。

马克思主义哲学在中国的百年传播推动了中国人的思想启蒙，使中国人逐渐形成了民主、科学、自由、平等、解放等现代观念，使中国学人在独特的社会历史情境和现实选择中实现了具有中国文化特色的社会发展局面。马克思主义哲学中国化的文化形态也在各种文化观念碰撞与交融的过程中实现了繁荣发展。回顾百余年来中国社会发展的历史进程，我们应当看到，"中国人经过千辛万苦找到了马克思主义这个救国救民的普遍真理，在不断中国化的过程中它的思想精髓已构成了中国走向现代化的文化主线，它充满生命力地浸透在我们的民族精神之中，实际地存在于我们的时代和生活之中"①。塑造当代中国社会发展的精神高度，需要深刻认识中国式现代化的文化主线，合理理解马克思主义哲学中国化的文化形态，尊重中国社会发展进程中的历史选择，形成在新时代推进马克思主

① 孙麾：《理论自觉自信：中国学术新的思想高度》，《红旗文稿》2012 年第 18 期。

义哲学中国化的文化自觉，进而实现马克思主义哲学中国化的文化认同。

之所以强调马克思主义哲学中国化的文化自觉和文化认同在中国社会发展进程中的重要作用，是因为马克思主义哲学中国化进程反映了中国学人的历史选择，由此形成的中国特色社会主义文化体现了中国风格和中国气派。在中国革命、建设和改革的进程中，马克思主义哲学已经内化为一种体现中国文化精神的主导思想观念，它在中国现代化进程中实现自身的文化使命。作为在中国现代化进程中形成的主流文化形态，以马克思主义为指导的中国特色社会主义文化具有维系中国人的精神纽带的现实功能。以马克思主义哲学中国化的文化自觉扭转当代中国社会生活中的文化失范和文化乱象，必须深刻理解中国社会发展深层次的文化需要，深入理解当代中国的公共意识和社会心理，使上层建筑更好地适应经济基础的要求。在此基础上激发整个社会的精神力量，凝聚各民族、各阶层的共同愿望，实现马克思主义哲学中国化的文化认同，为实现中华民族伟大复兴中国梦提供精神动力和价值支持。

强调马克思主义哲学中国化的文化自觉和文化认同，既要灵活运用马克思主义哲学原理分析和解决中国社会发展进程中存在的实际问题，也要实现中国传统文化的创造性转化和创新性发展。传承和弘扬中华优秀传统文化，是中国知识分子浓重的文化情结所在，千百年来中华优秀传统文化的强劲因素始终在社会生活中发挥着浓重的影响力。促进中国特色社会主义文化繁荣发展，需要发掘中国传统文化促进当代社会和谐发展的智力资源，使之服务于国家治理和社会建设。在全面深化改革的重要历史时期，强调中华优秀传统文化创造性转化、创新性发展，应当充分认识到其中体现的语境转换的现实意义。"正心诚意修齐治平，不是中国革命胜利之路，却是取得政权后当权者的修养和为政之道。以儒家学说为主导的传统文化包含有丰富的治国理政、立德化民的智慧。必须研究中国历史上治国理政的经验和中国传统文化，尤其是儒家学说中注重社会和谐和民本的治国理政的智慧，研究如何立德兴国、教民化民。"①实现国家治理体系和治理能力现代化，既要充分借鉴国外先进的治理经验，也要合理把握中国传统治国理政之道，这种历史唯物主义的态度体现的正是马克思主义哲学中国化的文化自觉，也只有基于现代中国社会发展的实际经验，形成中国特色社会主义的现代治理思路，才能实现马克思主义哲学中国化的文化认同。

塑造当代中国社会发展的精神高度，需要培育和践行社会主义核心价值观，建构中华民族共有精神家园。社会主义核心价值观是中国特色社会主义文化的精髓，体现了中国社会的价值选择和中国道路的价值走向，在多样发展的中国社会价值体系中发挥着主导作用。它反映了改革开放以来人们的思维方式和价值观念的深刻变化，表征着当今中国人的精神追求与实践宗旨，是形成社会向心力的根本性因素。它借鉴了人类文明的优秀成果，体现了马克思主义哲学与中华优秀传统文化的视域交融，在国家、社会和个人三个层

① 陈先达：《马克思主义和中国传统文化》，《光明日报》2015年7月3日。

面各有侧重。它反映了当代中国社会的共同理想信念和道德规范，彰显了中国特色社会主义的价值选择，体现了中国崛起的精神高度。毋庸置疑，培育和践行社会主义核心价值观，从多重角度生动地阐释中国特色社会主义文化的核心价值理念，对塑造中国精神并展示中国文化形象具有重要意义。

社会主义核心价值观反映了当代中国人价值追求的最大公约数，塑造了我们时代的精神气质，有利于提高中国人的现代素养和国际竞争力。培育和践行社会主义核心价值观，应从中国化马克思主义哲学的文化视角审视当代中国人价值观念变革的逻辑脉络，高度凝练当代中国社会发展的价值理念，引导当代中国社会生活的价值建构，呈现中国化马克思主义哲学与时俱进的文化境界。今天，我们应当充分认识到实现中华民族伟大复兴的世界历史意义，充分认识到中国特色社会主义文化发展与中国经济社会发展同步的实践逻辑。同时也应当充分认识到，只有实现马克思主义哲学中国化的文化自觉和文化认同，才能具备中国特色社会主义的文化自信，才能站在社会发展的文化制高点上，凝铸中国社会发展的价值根基，建立中国人安身立命的精神家园，使中国经济社会发展体现为提升中国人现代素养的社会文明的发展，使上层建筑实际地满足经济基础的要求，进而获得世界文明的认同。

综上所述，马克思主义哲学同中华优秀传统文化在中国现代化的历史选择中实现了文化交融，逐渐形成了马克思主义哲学中国化的文化形态，并在文化自觉和文化认同中得到深化与发展。马克思主义哲学中国化的文化自觉是创造现代新文化的自觉，这个自五四运动以来形成的新文化传统促进了中华优秀传统文化的现代转型。在“旧邦新命”的文化语境中，我们可以更好地理解马克思主义哲学同中华优秀传统文化的关系，在新时代新征程上与时俱进地达成马克思主义哲学中国化的文化认同。此举力图实现中华优秀传统文化的创造性转化和创新性发展，旨在塑造当代中国社会发展的精神高度，解决当代中国社会生活中存在的文化迷失、文化盲从等现实问题，通过培育和践行社会主义核心价值观，促进中国经济社会持续协调发展。在以中国式现代化全面推进中华民族伟大复兴的新征程上，中国社会进一步发展需要强大的文化动力，为此应从中国和平崛起的战略高度理解中国特色社会主义文化建设对于中华民族伟大复兴所具有的重大现实意义，进一步促进马克思主义哲学中国化的文化自觉和文化认同。这是推动中国社会持续健康发展的文化前提，也是实现中国梦的价值基础。

第五章　中国式现代化的文明底蕴与世界历史意义

习近平总书记在党的二十大报告中指出："在新中国成立特别是改革开放以来长期探索和实践基础上，经过十八大以来在理论和实践上的创新突破，我们党成功推进和拓展了中国式现代化。中国式现代化，是中国共产党领导的社会主义现代化，既有各国现代化的共同特征，更有基于自己国情的中国特色。"① 中国式现代化道路是中华民族在世界历史进程中实现文明重塑的创造性探索，既是中华文明在中国革命、建设和改革实践中的自我更新，也是对西方现代性危机及其文明限度的内在超越。从现代化的普遍性角度看，世界历史进程中的现代化探索是以现代工业和科技革命为推动力，使工业文明进入经济、政治、文化、思想各领域并引起社会组织和

① 《高举中国特色社会主义伟大旗帜 为全面建设社会主义现代化国家而团结奋斗——习近平同志代表第十九届中央委员会向大会作的报告摘登》，《人民日报》2022 年 10 月 17 日。

行为深刻变革的过程。[①] 选择中国式现代化道路并实现文明重塑是中国有识之士以新历史观开眼看世界，薪火相传、接力奋进，使中国经济社会发展赶上世界先进水平的创举，为中华文明的自我更新创造了历史前提，映现了世界历史民族实现特定历史使命的文明底蕴，彰显了走向复兴的中华民族创造人类文明新形态的世界历史意义。

一、中国式现代化的文明底蕴

文明是人类改造自然和社会所创造的物质财富和精神财富的总和，以社会现实生活的生产和再生产为基础，是在历史中形成且在实践中为人们所共同遵循的社会的素质，是衡量社会进步的尺度，也是社会发展的内在动力。文明的创造呈现了人与世界的关系，以内在的方式对社会发展发挥潜移默化的作用，在将自然人化与确定社会秩序的过程中昭示意义和希望。在现代化实践中塑造的文明形态凸显了科学技术、市场经济、民主法治的价值，呈现了超越传统文明形态的理性化过程，使文明重塑成为每个走向现代化的民族的普遍命运。

具有五千年悠久历史的中华文明素来被视为世界上最古老的文明之一，在农业文明时代遥遥领先，"惟中国能以其自创之文化绵

① 罗荣渠：《现代化新论——世界与中国的现代化进程》，北京：商务印书馆，2004年，第5页。

永其独立之民族生命”①。及至历史进入工业文明时代，中华文明在西方文明的挑战中“蒙尘”，陷入东方从属于西方的关系格局，一度落后于现代世界文明进程。当马克思主义随着十月革命一声炮响实际地传入中国，此前千辛万苦向西方寻求真理的中国先进知识分子重新思索中华民族的历史命运，探究特定世界历史民族实现现代化的具体社会条件和历史环境。中国共产党在马克思主义与中国工人运动相结合的过程中应运而生，中国人民开始从精神上由被动转为主动，逐渐看清了资本主义文明的弊端，在革命中认识到资产阶级政党的实质，从中国的实际出发，走自己的现代化道路。

马克思主义哲学在中国的传播使中国人以科学理性思维重新理解中华文明，深刻意识到中华优秀传统文化返本开新的必要性。在关于体用问题的反复讨论中，有识之士逐渐对中西古今之争做出历史性总结。正如毛泽东所说，“我们这个民族，从来就是接受外国的先进经验和优秀文化的”，“从来不拒绝接受别的民族的优良传统”②。中华文明兼容并包的品格彰显了独特优势，作为世界上唯一没有中断过的文明，其对于外来文化有一种博大宽宏的气度和融会贯通的自觉。在与西方现代文明的历史性相遇中，中华文明不断实现转化与创新，使之在实践中超越现代西方文明的正是体现中国风格和中国气派的马克思主义。同中华优秀传统文化相结合的马克思主义在其每一表现中都带有中国的特性，都在更新古老中华文明的过程中伴随着对西方现代文明的批判反思，从而走向一种文明新

① 梁漱溟：《中国文化的命运》，北京：中信出版社，2010 年，第 32 页。

② 《毛泽东文集》第 6 卷，北京：人民出版社，1999 年，第 264 页。

形态的实践创造。

第一次世界大战的爆发让人们感到震惊，并对西方文明的长处颇有幻灭之感。恰如梁启超感喟：“当时讴歌科学万能的人，满望着科学成功黄金世界便指日出现。如今功总算成了，一百年物质的进步，比从前三千年所得还加几倍。我们人类不惟没有得着幸福，倒反带来许多灾难。”[①] 这种对现代西方文明的质疑不仅促进国人欢迎社会主义之新文明，而且以之激活中华文明的内在活力，形成以中国革命融入世界革命的历史意识。毛泽东指出：“帝国主义列强侵入中国的目的，决不是要把封建的中国变成资本主义的中国。帝国主义列强的目的和这相反，它们是要把中国变成它们的半殖民地和殖民地。”[②] 对现代西方文明的单向度认同并不能使中国独立地发展资本主义，而只能渐至沦为西方殖民主义的附庸。秉持马克思主义中国化的新文明观，中国先进知识分子做出了历史的选择。

具有五千年历史的中华文明是中国式现代化探索的“前见”，这种文明底蕴决定了选择中国式现代化道路不仅使中华民族赶上了时代，而且将超越现代殖民主义和资本逻辑的窠臼，限制物质主义和唯科学主义的单向度弊端。《尚书》有言：“经纬天地曰文，照临四方曰明。”中华文明强调人与自然、人与人、人与社会和合共生，在长期演化中积累了道法自然、协和万邦、求同存异、和实生物、兼收并蓄等影响深远的观念。诚然，仅靠这些观念及其对象化实践

① 梁启超：《欧游心影录》，载《中国现代思想史资料简编》第1卷，杭州：浙江人民出版社，1982年，第232页。

② 《毛泽东选集》第2卷，北京：人民出版社，1991年，第628页。

难以构成实现现代化的内生动力，但与马克思主义相结合的这种文化传统对超越现代西方文明的误区具有独特价值。马克思主义基本原理同中国具体实际和中华优秀传统文化相结合这一历史事实实际体现为中国社会的深刻改变和中华文明的自我更新，且使中国式现代化的实践创造与中华文明的自我更新处于同一历史进程。正如《中共中央关于共产国际执委主席团提议解散共产国际的决定》所指出的："中国共产党人是我们民族一切文化、思想、道德的最优秀传统的继承者，把这一切优秀传统看成和自己血肉相连的东西，而且将继续加以发扬光大。中国共产党近年来所进行的反主观主义、反宗派主义、反党八股的整风运动就是要使得马克思列宁主义这一革命科学更进一步地和中国革命实践、中国历史、中国文化深相结合起来。这一运动表现了中国共产党人在思想上的创造才能，一如他们在革命实践上的创造才能。"① 从中可见，马克思主义与中华优秀传统文化是我们党与生俱来的文化基因，中国革命实践与中国式现代化的初步探索正是马克思主义同中华优秀传统文化相结合的确证。

作为一种"被延误的现代化"，中国式现代化历经器物、技术、制度和文化层面变革的尝试，直至以马克思主义为指导的社会革命激活了中华文明的内生动力。在新民主主义革命时期，"以中国为中心，以马克思主义为方法，重建中华文明的历史主体性，以实事求是的启蒙精神，提出马克思主义中国化，同时推动中华文化的现

① 《建党以来重要文献选编》第20册，北京：中央文献出版社，2011年，第318-319页。

代化"[①]，文化建设取得了伟大成就。深刻认识到新兴工业的建立是一切文明民族生命攸关的问题，新中国成立后，我们党团结带领人民努力建设具有高度现代文明程度的工业化国家。在社会主义工业化进程中，中国式现代化拓展到农业、国防和科学技术领域，在"两步走"的探索中彰显了把握中华民族历史命运的自觉和自信。可以说，中国式现代化在起步阶段即超越了西方现代社会的对抗性矛盾，在以共同富裕为目标的实践中遵循创造现代文明的劳动逻辑，将马克思关于现代文明转型的构想在中国具体化，初步形成了发展中国家走现代化道路的实践经验。

改革开放使中国式现代化的蓝图在汲取世界先进技术和成果的起点上展现，邓小平用《礼记·礼运》中的"小康"一词来规定中国式现代化，强调四个现代化的社会主义特征。通过实施"三步走"战略，"到本世纪末在中国建立一个小康社会。这个小康社会，叫做中国式的现代化。翻两番、小康社会、中国式的现代化，这些都是我们的新概念"[②]。这些概念是在中国式现代化的实践探索中凝结的。在集中精力推动社会主义现代化建设过程中，中华民族迈出了实现伟大复兴的关键一步，体现了现代化的中华民族形式，并赋予"小康"这个在中国古代典籍中体现为和平崛起态势的话语以时代新义，反映了人们对和平安定的社会环境、良好的道德风尚与愉悦的生活状态的向往。

新时代新征程，我们党团结带领人民全面建成小康社会，以新

① 李文堂：《中国共产党百年文化成就》，《中国党政干部论坛》2021年第10期。

② 《邓小平文选》第3卷，北京：人民出版社，1993年，第54页。

发展理念探索实现现代文明转型的新路，社会主义现代化建设进入新的历史阶段，形成了创造文明新形态的基本结构。这种文明新形态摒弃了由资本逻辑主导的物欲膨胀、两极分化、零和博弈的思维定式，从总体上实现了社会全面进步和人民生活水平持续提升，重构了现代化的文明图谱。习近平总书记提出两个阶段的战略安排，到 2035 年基本实现社会主义现代化，到 21 世纪中叶建成富强民主文明和谐美丽的社会主义现代化强国，“到那时，我国物质文明、政治文明、精神文明、社会文明、生态文明将全面提升，实现国家治理体系和治理能力现代化，成为综合国力和国际影响力领先的国家，全体人民共同富裕基本实现，我国人民将享有更加幸福安康的生活，中华民族将以更加昂扬的姿态屹立于世界民族之林”①。凝结社会主义现代化中国经验的中华文明将由此实现现代重塑，在为解决人类问题贡献中国智慧的过程中呈现新的时代光彩。

二、现代化的中国经验与中华文明的现代重塑

现代化是随着新兴工业的建立开始的，新的生产方式揭示的现代经济运动规律与一切文明民族生命攸关，历史也由以向世界历史转变。主导现代化进程的新的生产力不仅推动了社会变革，而且改变了人们的精神世界。正如马克思所说，“工业的历史和工业的已

① 《习近平谈治国理政》第 3 卷，北京：外文出版社，2020 年，第 23 页。

经生成的对象性的存在，是一本打开了的关于人的本质力量的书，是感性地摆在我们面前的人的心理学”①。这门心理学体现了工业的发展同人的对象化的本质力量的内在关系，展现了一幅文明新图景，在现实生活面前描述人们的实践活动和实际发展过程。由于民族、地域、文化等各种从外部发生作用于经济基础的历史影响的差别，现代化的形式基于不同经验事实而具有多样性。中国式现代化道路体现了中华文化的独特传统、中华民族的独特历史命运和中国独特的基本国情，在现代化探索中积累了不同于西方资本主义现代化史的独特经验。

这种独特经验与资本逻辑主导的文明的根本差异在于，后者是一种“建立在劳动奴役制上的罪恶的文明”②，其中一极是资本主义财富和文明的积累，另一极则是“贫困、劳动折磨、受奴役、无知、粗野和道德堕落”③ 等不文明现象的凸显。这种文明引起的对抗性矛盾制造了严峻的社会问题，这种“文明的一切进步，或者换句话说，社会生产力的一切增长，也可以说劳动本身的生产力的一切增长，如科学、发明、劳动的分工和结合、交通工具的改善、世界市场的开辟、机器等等所产生的结果，都不会使工人致富，而只会使资本致富；也就是只会使支配劳动的权力更加增大；只会使资本的生产力增长”④。因而，这种文明将走向启蒙学者描绘的华美约言的反面，“不论它较之旧制度如何合理，却决不是绝对合乎理

---

① 《马克思恩格斯文集》第1卷，北京：人民出版社，2009年，第192页。
② 《马克思恩格斯文集》第3卷，北京：人民出版社，2009年，第175页。
③ 《马克思恩格斯文集》第5卷，北京：人民出版社，2009年，第744页。
④ 《马克思恩格斯全集》第30卷，北京：人民出版社，1995年，第267页。

性的"[①]，将这种文明转型的构想在中国具体化是中国式现代化独特经验的本质所在。

中国式现代化与马克思主义本质的必然的联系是在中国革命、建设、改革和新时代的伟大变革中实现的，中国特色社会主义使中国式现代化彰显了制度优势，达到前所未有的发展高度，并在一种走向复兴的不可逆转的趋势中呈现了塑造现代文明新形态的直接现实性。推进和拓展中国式现代化，必须坚持中国共产党领导，必须坚持中国特色社会主义，制度优势是一个国家的最大优势，中国特色社会主义制度使中国式现代化具有更高的治理效能。"如果要先验地给一个民族以一种国家制度，即使其内容多少是合乎理性的，这种想法恰恰忽视了一个因素，这个因素使国家制度成为不仅仅是一个思想上的事物而已，所以每一个民族都有适合于它本身而属于它的国家制度。"[②] 马克思主义中国化与中国式现代化处于同一历史进程，中国式现代化具有明确的社会主义方向和原则，在实现中华文明自我超越的同时，打破了"特殊主义的普遍化"，对现代西方文明的挑战逐渐做出有力的回应，在社会革命中形成独立自主的发展道路，成为中华文明实现重塑的历史前提。

中国式现代化反映了在以马克思主义为指导的百年奋斗历程中实现的中华优秀传统文化的创造性转化与创新性发展，体现了中华文明的时代内涵。通过反思苏联社会主义现代化建设中的一些缺点

---

① 《马克思恩格斯文集》第 3 卷，北京：人民出版社，2009 年，第 526 页。

② ［德］黑格尔：《法哲学原理》，范扬、张企泰译，北京：商务印书馆，1982 年，第 291 - 292 页。

和错误，避免苏联走过的弯路，毛泽东提出正确处理前进中面对的十种矛盾关系，兼顾多方面的利益，努力学习其他民族的长处，调动党内外、国内外一切积极的因素，为社会主义现代化建设服务。“在非常短的时间里，这一活着的最古老的文明就变成了所有欠发达国家中最年轻、最活跃的力量。”① 这种力量使中国式现代化朝向人类文明新形态的实践创造，在超越资本现代性的同时成为实现中华民族伟大复兴的历史性实践，从而使中华文明在革故鼎新中实现持续发展。

改革开放以来，我们党从关乎国家和民族命运的高度推进社会主义现代化建设，通过“大胆吸收和借鉴人类社会创造的一切文明成果，吸收和借鉴当今世界各国包括资本主义发达国家的一切反映现代社会化生产规律的先进经营方式、管理方法”②，社会主义现代化体现了比较优势。可以说，中国式现代化的文明根基是中国特色社会主义制度文明，现代化与社会主义的融合展现了强大的社会发展活力。“在这一现实运动中正在展开出来的历史性趋势，因为历史发展的总体趋势比既成的历史事实具有更高的现实性。”③ 通过批判现代西方文明的误区及其导致的现代性危机，中国式现代化彰显了特定的历史前提与民族特色，并在实践创造中进行文化创造，在世界文明图景中展现了一种文明新形态的中华文化底蕴及其在世界历史中的价值。

---

① ［法］布罗代尔：《文明史纲》，肖昶等译，桂林：广西师范大学出版社，2003年，第215页。

② 《邓小平文选》第3卷，北京：人民出版社，1993年，第373页。

③ 吴晓明：《世界历史与中国式现代化》，《学习与探索》2022年第9期。

中国式现代化固然是后发式的，但其一开始于社会主义工业化的实际展开，就体现了明确的自主逻辑。中国式现代化道路是我们党从中华文明的特点出发科学规划的，党的十二届六中全会通过的《中共中央关于社会主义精神文明建设指导方针的决议》指出："新中国的成立，在社会主义基础上开始了伟大的中国文明的复兴。自从我们国家以党的十一届三中全会为标志进入了新的历史发展时期，更赋予这个复兴以新的强大生机和活力。这个复兴，不但将创造出高度发达的物质文明，而且将创造出以马克思主义为指导的，批判继承历史传统而又充分体现时代精神的，立足本国而又面向世界的，这样一种高度发达的社会主义精神文明。"① 以全面深化改革为根本动力，中国式现代化道路具有明确的历史自觉和强大的前进定力，赋予中华优秀传统文化以新的时代内容并使之彰显新的时代特征，努力实现中华文明的现代重塑，为发展中国家探索现代化道路提供了中国经验。

中华民族在走向复兴的过程中创造了人类文明新形态，在为解决全球性问题提供合理方案的同时彰显了新的世界精神。正如习近平总书记在中共中央政治局第三十九次集体学习时所指出的："中华文明源远流长、博大精深，是中华民族独特的精神标识，是当代中国文化的根基，是维系全世界华人的精神纽带，也是中国文化创新的宝藏。在漫长的历史进程中，中华民族以自强不息的决心和意

---

① 《十二大以来重要文献选编》(下)，北京：人民出版社，1988 年，第 1178 页。

志，筚路蓝缕，跋山涉水，走过了不同于世界其他文明体的发展历程。”① 绵延数千年的中华文明有其独特的价值体系，形成了潜移默化影响中国人思维方式和行为方式的中华民族的文化基因，体现了讲仁爱、重民本、守诚信、崇正义、尚和合、求大同的精神特质和发展形态，在同马克思主义基本原理相结合的过程中实现了创新发展，为中国式现代化确立了坚实的文化根基，提供了超越西方现代化模式的重要思想资源。

历史悠久的中华文明蕴含着丰富的治国理政智慧和哲学社会科学内涵，具有开放包容的文化品格，在文明交流互鉴中不断推陈出新。“从历史上的佛教东传、‘伊儒会通’，到近代以来的‘西学东渐’、新文化运动、马克思主义和社会主义思想传入中国，再到改革开放以来全方位对外开放，中华文明始终在兼收并蓄中历久弥新。”② 作为中华文明的智慧结晶和精华所在，中华优秀传统文化承载着中华民族的精神血脉，以开放会通的方式反映时代脉动，在同马克思主义基本原理相结合的百年历程中构筑了中华民族共有的精神家园，成为现代中国人超越自我的精神世界，体现了光复旧物的坚强决心，以返本开新的姿态为中国式现代化提供了重要的文化创造力。虽然体现了从前现代、现代到后现代的观念及其对象化存在的复杂性，中国式现代化道路以叠加式发展处理复杂问题，具有以中国为中心进行实践创造的鲜明特征，深刻把握了中国发展的内

---

① 《把中国文明历史研究引向深入 推动增强历史自觉坚定文化自信》，《人民日报》2022 年 5 月 29 日。

② 《习近平谈治国理政》第 3 卷，北京：外文出版社，2020 年，第 471 页。

在规律和民族特色，实际彰显了历史主体性。

中国式现代化具有鲜明的社会主义特质和深厚的中华文明底蕴，实现了物质文明、政治文明、精神文明、社会文明、生态文明协调发展，是符合中国实际并超越西方现代性危机的重要探索。正如邓小平所指出的："我们的现代化建设，必须从中国的实际出发。……把马克思主义的普遍真理同我国的具体实际结合起来，走自己的道路，建设有中国特色的社会主义，这就是我们总结长期历史经验得出的基本结论。"① 中国式现代化的经验和特质具有明确的自主逻辑，超越了西方现代性传统思维模式，以迈向共同富裕的实践探索避免"贫穷的普遍化"，在创造人类文明新形态的过程中体现为一种世界历史性存在。基于人口规模巨大的国情，中国式现代化秉持以人民为中心的发展理念，促进人和自然和谐共生，走和平发展道路，通过统筹推进"五位一体"总体布局，协调推进"四个全面"战略布局，推进国家治理体系和治理能力现代化，创造了世所罕见的经济快速发展和社会长期稳定两大奇迹，不断提高人们的文明程度，努力实现全体人民共同富裕。

中国式现代化强调以人民为中心，反映了推动社会主义现代化建设的新历史观。正如习近平总书记所指出的："为人民谋幸福、为民族谋复兴，这既是我们党领导现代化建设的出发点和落脚点，也是新发展理念的'根'和'魂'。只有坚持以人民为中心的发展思想，坚持发展为了人民、发展依靠人民、发展成果由人民共享，

① 《邓小平文选》第3卷，北京：人民出版社，1993年，第2-3页。

才会有正确的发展观、现代化观。”① 中国式现代化道路彰显了以社会主义为本质规定的制度文明，其成功经验表明，中国经济社会发展的成就塑造了崭新的现代“文明格局”，书写了体现时代特质的中华“文明华章”，倡导以文明交流互鉴取代文明隔阂冲突，中华民族伟大复兴进入了不可逆转的过程，在百年奋斗历程中实现了“历史的结果和预定的目的”，在面向未来的历史性筹划中重绘现代化的世界版图，进而彰显了世界历史意义。

三、中国式现代化的世界历史意义

鸦片战争使中国人面对“三千年未有之大变局”，西方列强的坚船利炮轰散了中华文明在农业文明时代的比较优势。伴随资本主义生产方式发展而来的殖民扩张，使农业文明从属于工业文明，中华民族由此遭遇深重的文明危机。在危机中寻找出路的中国有识之士具有强烈的民族复兴的自觉，在持续探索中积聚创造中国式现代化道路的强大动力。十月革命一声炮响，给中国送来了马克思列宁主义，中国共产党团结带领人民实现民族独立，使中华民族走出“文明蒙尘”的历史境遇。在中国革命、建设和改革进程中，中华文明不断实现从传统到现代的转型，在社会主义现代化建设中焕发蓬勃生机，展现了深刻的文明史意义。

① 《习近平谈治国理政》第 4 卷，北京：外文出版社，2022 年，第 171 页。

中国式现代化道路打破了一种坚硬的成见，即认为现代化就是资本主义发展历程，这种单一的现代化观体现了浓厚的资本主义论调，使资本原始积累、殖民与战争、严重破坏自然资源的图景以现代化的形象出场，进而固化了西方现代化发展模式并强加给其他民族。世界历史的形成开始于现代化浪潮，深刻改变了人类的生产生活方式和交往形式，也在生产力高度发展的同时演绎了“西方中心主义”的神话。这个神话造成了西方主导现代化的幻象，实则是对东方从属于西方的强制阐释。中国式现代化道路摒弃了以资本为中心的单向度逻辑，超越了零和博弈和对外扩张的思维定式，力图摆脱两极分化和物质主义的泥淖，消解了遵循丛林法则的必然性，体现为心理态度、价值观和生活方式的改变，代表了我们时代的文明形式。以中华文明的历史底蕴与时代精神为解决人类问题贡献中国智慧，为现代化理论与实践提供社会主义方案，成为“世界现代化的增长极”，因而是一种实现现代文明转型的伟大探索。

中国式现代化道路破解了人口规模巨大的国家实现经济跨越式发展的难题，以工业化、信息化、城镇化、农业现代化的叠加发展方式实现了“时空压缩”，在中华文明现代重塑中展现中国式现代化的民族化和时代化特征，体现为马克思主义基本原理同中华优秀传统文化相结合，亦是这种结合的确证。“我国作为一个人口众多和超大市场规模的社会主义国家，在迈向现代化的历史进程中，必然要承受其他国家都不曾遇到的各种压力和严峻挑战。”① 作为一

① 习近平：《把握新发展阶段，贯彻新发展理念，构建新发展格局》，《求是》2021 年第 9 期。

种后发型现代化，中国式现代化道路在体现现代文明普遍性的同时，实现对现代性危机的超越，从而使现代文明在中国的实践创造以内在超越的方式展开，体现为在历史前进的逻辑中前进，在时代发展的潮流中发展。正是因为深刻意识到西方现代化进程中的贫富差距、价值冲突和对抗性矛盾，我们党团结带领人民创造的中国式现代化必然要超越资本主义文明形态，在世界历史进程中确立了超越文明隔阂和文明冲突的新发展观，在文化涵养中实现文明进步，稳步推进全体人民共同富裕，在文明交流互鉴中实现不同民族在现代化进程中的对话与合作，倡导构建人类命运共同体。

在世界历史中把握人类文明演进历程，可见不同民族和地域的文明在普遍交往中实现各自发展的经验。从传统的农业社会向现代工业社会转变，形成了从整体上考察世界历史趋势的条件，资本逻辑主导的现代化实现了这一转变，也造成了人的异化与对抗性矛盾，造成了严峻的现代性危机。为此，需要探索实现现代文明转型的新路，以劳动逻辑取代资本逻辑。正如马克思所说：“整个所谓世界历史不外是人通过人的劳动而诞生的过程，是自然界对人来说的生成过程。”① 世界历史是人们在劳动实践中创造的，不是资本逻辑必然导致的结果。中国式现代化道路创造了经济社会发展的奇迹，历史性地解决了绝对贫困问题，使我们大踏步赶上了时代，为现代文明赋予了新的实体性内容，从根本上解决了资本主义现代文明的内在矛盾，在与各国平等互利交往中倡导文明交流互鉴，确证

① 《马克思恩格斯全集》第3卷，北京：人民出版社，2002年，第310页。

了社会主义现代化的文明史意义。

马克思主义同中华优秀传统文化相结合深化了中国式现代化的文明史意义。马克思主义在中国具体化，指导中国式现代化取得举世瞩目的成就，既有使中国人掌握科学理性的现代因素，也有与中华优秀传统文化相契合这一深层根由。“马克思主义传入中国后，科学社会主义的主张受到中国人民热烈欢迎，并最终扎根中国大地、开花结果，决不是偶然的，而是同我国传承了几千年的优秀历史文化和广大人民日用而不觉的价值观念融通的。”① 在团结带领人民创造中国式现代化道路的过程中，我们党以历史唯物主义观点看待中华民族五千多年的历史进程，阐明中国式现代化道路的深厚文化底蕴与中华文明的精神特质和发展形态，把握中华民族的发展路向和中华民族多元一体的演进格局，稳中求进，创新发展，彰显了中国式现代化的文明底蕴，创造了马克思主义所指明的历史时代的一种新文明形态。

中国式现代化道路是在对世界各国现代化先进经验借鉴基础上的自主探索，我们党强调走自己的路，以我们正在做的事情为中心，坚持把国家和民族发展放在自己力量的基点上，牢牢掌握中国发展进步的命运。在世界历史进程中超越西方现代性危机，中国式现代化的实践创造以平等、互鉴、对话、包容的文明观理解一切先进文明的价值内涵，从而彰显了和而不同的文化精神与和谐共存的人类命运共同体意识，坚持求同存异、合作共赢，倡导在文明的制

---

① 《习近平谈治国理政》第3卷，北京：外文出版社，2020年，第120页。

高点上构建新型国际关系格局。正如印度诗人泰戈尔所说，中华文明"不是一种掠夺性的、拥有机械效能的文明，而是一种精神的文明；它建立在人性所具有的、全部的、各种各样的、深层次关系的基础之上"①。在社会主义现代化进程中实现重塑的中华文明以开放的姿态展现了这种精神品格，其中的宇宙观、天下观、社会观、道德观蕴含着全人类的共同价值，为发展中国家实现现代化提供了可资借鉴和参考的中国经验与中国方案。

党的二十大明确了从现在起党的中心任务，就是团结带领全国各族人民全面建成社会主义现代化强国、实现第二个百年奋斗目标，以中国式现代化全面推进中华民族伟大复兴。习近平总书记强调，在推进和拓展中国式现代化的前进道路上要牢牢把握的重大原则：坚持和加强党的全面领导，坚持中国特色社会主义道路，坚持以人民为中心的发展思想，坚持深化改革开放，坚持发扬斗争精神。② 推进和拓展中国式现代化，必须遵循上述原则，把握以中国式现代化实现中华民族伟大复兴的实践逻辑，形成全面建设社会主义现代化国家、全面推进中华民族伟大复兴的强大合力，不断展现中国式现代化的动力和活力，推动构建人类命运共同体，从而彰显创造人类文明新形态的世界历史意义。

综上所述，以历史自觉和文化自信研究中国式现代化道路的文明底蕴，可见超越西方现代性危机的一种实现现代文明转型的探

---

① ［印］泰戈尔：《民族主义》，刘涵译，北京：中国对外翻译出版有限公司，2014年，第12－13页。

② 《高举中国特色社会主义伟大旗帜 为全面建设社会主义现代化国家而团结奋斗——习近平同志代表第十九届中央委员会向大会作的报告摘登》，《人民日报》2022年10月17日。

索。中国式现代化的自主逻辑基于马克思主义基本原理同中国具体实际和中华优秀传统文化相结合，以新发展理念实现高质量发展，全面建成小康社会，努力实现全体人民共同富裕，促进了中华文明的现代重塑，在中华优秀传统文化创造性转化与创新性发展中展现了中华民族独特的精神标识。回顾中国式现代化探索的百年历程可见，这条道路以中华民族独特的文化传统和历史命运为起点，摒弃了西方现代化发展的模式，反思苏联现代化建设的失误，不断在实践中解答中国之问、世界之问、人民之问和时代之问，不断创造满足人民日益增长的美好生活需要的物质条件，从而为实现中华民族伟大复兴汇聚了磅礴的力量，也为人类文明新形态的实践创造提供了中国经验和中国智慧。

第六章　中国式现代化的文化形态与中华民族现代文明

当近代中国有识之士深思“中国向何处去”，寻找“救亡图存”的出路时，启蒙与救亡处于同一历史进程。面对时代的根本问题，随着十月革命一声炮响传入中国的马克思主义发挥了思想先导的作用。“帝国主义和中华民族的矛盾，封建主义和人民大众的矛盾，这些就是近代中国社会的主要的矛盾”①，这些主要矛盾表现为彼时的根本问题。解决这些根本问题，必经社会革命而实现生产方式的变革，由此需要马克思主义基本原理同中国具体实际相结合，而在其每一表现中都内在反映了中华优秀传统文化的时代特质，从而使在中国革命实践中逐渐具体化的马克思主义形成了中国风格和中国气派。

---

① 《毛泽东选集》第2卷，北京：人民出版社，1991年，第631页。

一、现代新儒学与马克思主义中国化的文化特质

在现代中国文化发展早期，以胡适、陈序经等为代表的“全盘西化派”与以梁漱溟、张君劢、熊十力等为代表的现代新儒家均提出明确的文化发展主张。前者认同西方现代化理路，认为“我们自己百事不如人，不但物质机械上不如人，不但政治制度不如人，并且道德不如人，知识不如人，文学不如人，音乐不如人，艺术不如人，身体不如人”[①]，“中国必须充分接受现代文明，特别是科学、技术和民主”[②]，对中国传统文化进行否定性反思。后者反对将现代化等同于“西化”，审视第一次世界大战之后欧洲精神生活受到的影响，为解决中国问题而追溯历史和文化，欲以“本心仁性”安身立命，进而融合西方文化的长处，其中不乏以现代意识重释中国古典观念的探索，但对文化发展基本上持一种超历史的态度，体现为在特定历史境遇中形成的文化史观。

现代新儒家学者试图重建人的道德自我，在现代化进程中确认一种有尊严的理想人格，有其积极意义。他们力图解决其所处时代的中国问题而追溯历史和文化，将文化问题视为中国问题的本质，并将“礼乐制度”设定为“生活完全理性化的社会”[③]。例如，致

① 胡适：《南游杂忆》，长春：吉林出版集团股份有限公司，2018 年，第 91 页。

② 罗荣渠主编：《从“西化”到现代化》，北京：北京大学出版社，1990 年，第 361 页。

③ 《梁漱溟全集》第 3 卷，济南：山东人民出版社，2005 年，第 110 页。

力于“乡村建设”的梁漱溟在反思西方工业文明弊端的同时，力图再造现代乡村文明，将其视为一种“从乡村酝酿出来”的具有“伦理情谊”的社会主义文明。[①] 这种现代新乡村建设以农业为基础，以礼乐为本位，强调改造和复兴中国文化，以反求诸己的方式实现民族自救，认为“如果要在政治问题上找出路子的话，那决不能离开自己的固有文化，即使去找经济的出路，其条件亦必须适合其文化”[②]。这种文化研究理路远离当时社会的主要问题，认为民族危机的本质是文化危机，最要紧的事情在于文化发展。由这种文化史观而起的设想和实验不符合中国具体实际，也不符合历史发展的辩证法，因缺乏实践基础而不具有可行性。

上述两种观念之弊为时人所见，恰如张之洞所言：“图救时者言新学，虑害道者守旧学，莫衷于一。旧者因噎而食废，新者歧多而羊亡；旧者不知通，新者不知本。不知通，则无应敌制变之术，不知本，则有非薄名教之心。”[③] 新文化运动将锋芒指向封建礼教，决意在与“旧我”决裂的过程中寻找真理，成为思想解放的重要引擎，但因急于更新而对以儒学为代表的传统文化缺乏辩证的分析。中国早期马克思主义者对此进行了反思。一方面，以唯物史观批驳“倒果为因”的文化史观，意识到文化深层次变迁从根本上是社会生产方式变革的结果。现代新儒家学者倡导的现代新乡村建设不符合社会发展规律，这种“农业社会主义”强调“人生向上”，坚持

① 《梁漱溟全集》第2卷，济南：山东人民出版社，2005年，第103页。

② 《梁漱溟全集》第2卷，济南：山东人民出版社，2005年，第30页。

③ 张之洞：《劝学篇》，李凤仙评注，北京：华夏出版社，2002年，第1页。

“民族立场”，但很多措施并未得到农民的欢迎，或可视为一种“知识分子的乡村改良主义运动”①。他们将乡村建设作为中国现代化道路，将“民族精神”作为一种固态性的“给定物”，以不变应万变，没有认识到民族精神是在历史中形成的，应当在经济社会发展进程中实现文化传承发展。“任何一个民族都不能离开一定的社会存在，不能离开一定的文化环境。”② 可以说，现代新儒家实行“乡村自治”的主张是空想，无助于实现民族独立和解放。恰如瞿秋白所言：“二十世纪以来，物质文明发展到百病丛生。‘文明问题’就已经不单在书本子上讨论，而且有无产阶级的社会主义运动实际上来求解决了。”③ 在这场实际的运动中，中国先进知识分子勇敢地向前看，而不是向后看，既要在批判中继承传统，又要在反对帝国主义侵略的同时师夷长技，因而是一种双重变奏。另一方面，以毛泽东为代表的中国共产党人强调用马克思主义方法批判总结中华民族数千年的历史遗产并加以继承，在不懈奋斗中建设一个中华民族的新社会和新国家，“在这个新社会和新国家中，不但有新政治、新经济，而且有新文化”，就是“民族的科学的大众的文化，就是人民大众反帝反封建的文化，就是新民主主义的文化，就是中华民族的新文化”④。从而使马克思主义内化于中华文明的演进历程，形成自强不息、砥砺前行的精神力量。

---

① 孙冶方：《为什么要批评乡村改良主义工作》，《中国农村》1936年第5期。

② 李毅：《中国马克思主义与现代新儒学》，天津：天津教育出版社，2007年，第107页。

③ 瞿秋白：《东方文化与世界革命》，《新青年》1923年第1期。

④ 《毛泽东选集》第2卷，北京：人民出版社，1991年，第663、708-709页。

新中国成立后，文化建设随着经济建设的高潮逐渐得到重视，民族的科学的大众的文化取向得到强化，贯彻“百花齐放、百家争鸣”的方针，强调“古为今用，洋为中用”，促进了社会主义文化繁荣发展。毛泽东指出，对知识分子“应该给予信任，从根本上改善同他们的关系，帮助他们解决各种必须解决的问题，使他们得以积极地发挥他们的才能”[①]，从而把知识分子的思想改造成“我国在各方面彻底实现民主改革和逐步实行工业化的重要条件之一”[②]。这在思想文化领域产生的影响是直接的，例如，贺麟在彻底把握西方文化的基础上欲求儒家思想的新发展，以黑格尔主义重新论证了“心外无物”，提出了“自然的知行合一观”[③]。冯友兰力图“写一部以马克思列宁主义、毛泽东思想为指南的中国哲学史”[④]，他在《新事论》中“融贯唯物史观之说以讨论文化问题”[⑤]，认为“一时代的经济状况，对于其时代之文化等，甚有影响，此诚无可否认”[⑥]。深入学习、掌握马克思主义认识论和辩证法，用以破解中国现代化过程中的实际问题，并在归纳实践经验的过程中将其上升为理论认识，逐渐成为学界文化研究的一种自觉。

改革开放以来，我们党强调，坚持以经济建设为中心，坚持四项基本原则，坚持改革开放，持续建设中华民族新文化，加强社会

---

① 《毛泽东著作选读》下册，北京：人民出版社，1986年，第779页。

② 《毛泽东文集》第6卷，北京：人民出版社，1999年，第184页。

③ 贺麟：《哲学与哲学史论文集》，北京：商务印书馆，1990年，第131－132页。

④ 冯友兰：《三松堂全集》第7卷，北京：中华书局，2014年，第2页。

⑤ 贺麟：《五十年来的中国哲学》，上海：上海人民出版社，2012年，第45页。

⑥ 冯友兰：《三松堂全集》第1卷，北京：中华书局，2014年，第525页。

主义精神文明建设。邓小平指出："要懂得些中国历史，这是中国发展的一个精神动力。"① 这个精神动力源于中华文明的生存土壤，凝聚着中华民族的精神追求，映现了中华优秀传统文化的生命力。文化传承发展之所以重要，是因为人们的实践创造是在承继历史的前提下并在特定历史条件下展开的，"人们自己创造自己的历史，但是他们并不是随心所欲地创造，并不是在他们自己选定的条件下创造，而是在直接碰到的、既定的、从过去承继下来的条件下创造"②。这种文化传承发展并非复古泥古，而是实现中华优秀传统文化面向未来的创造性转化、创新性发展，使之不仅存在于典籍和文物中，而且流传于人们的日常生活世界中，成为中国人生活世界的文化根基。

党的十八大以来，文化建设得到高度重视，中华民族的文化创造力日益强劲，人民群众日益增长的美好生活的需要得到更好满足。中国式现代化深深植根于中华优秀传统文化，体现科学社会主义的先进本质。习近平总书记指出："我们必须坚持马克思主义这个立党立国、兴党兴国之本不动摇，坚持植根本国、本民族历史文化沃土发展马克思主义不停步，坚定历史自信、文化自信，坚持古为今用、推陈出新，以马克思主义为指导对中华五千多年文明宝库进行全面挖掘，用马克思主义激活中华优秀传统文化中富有生命力的优秀因子并赋予新的时代内涵，将中华民族的伟大精神和丰富智慧更深层次地注入马克思主义，有效把马克思主义思想精髓同中华优秀传统文化精华贯通起来，聚变为新的理论优势，不断攀登新的

① 《邓小平文选》第 3 卷，北京：人民出版社，1993 年，第 358 页。
② 《马克思恩格斯选集》第 1 卷，北京：人民出版社，2012 年，第 669 页。

思想高峰。”[①] 在中国式现代化进程中，马克思主义基本原理同中国具体实际相结合、同中华优秀传统文化相结合，形成了新的文化生命体，推动中华优秀传统文化创造性转化、创新性发展，建设中华民族现代文明，为强国建设、民族复兴注入了不竭的精神动力。

二、中国式现代化的文化形态

在马克思主义中国化的百年历程中，中华民族从近代“国家蒙辱、人民蒙难、文明蒙尘”的文化自卑走向文化自信。正如毛泽东所指出的：“自从中国人学会了马克思列宁主义以后，中国人在精神上就由被动转入主动。从这时起，近代世界历史上那种看不起中国人，看不起中国文化的时代应当完结了。伟大的胜利的中国人民解放战争和人民大革命，已经复兴了并正在复兴着伟大的中国人民的文化。”[②] 这种文化反映了现代中国人在自主探索民族独立和富强的历程中所展现的中华民族的文化尊严，体现了反封建和克服蒙昧的科学主张，是为全民族占大多数的人民群众服务的，进而成为人们喜闻乐见的新文化，逐渐形成了中国式现代化的文化形态。

中国式现代化在独特的国情和文化传统的基础上明确其历史任务，彰显了中华文明演进的规律性特征。与古代中国和未来中国相

① 《不断深化对党的理论创新的规律性认识 在新时代新征程上取得更为丰硕的理论创新成果》，《人民日报》2023 年 7 月 2 日。

② 《毛泽东选集》第 4 卷，北京：人民出版社，1991 年，第 1516 页。

连接，现代中国实现了中华文明的时代重塑，并根据社会条件和文化传统稳健发展。作为历史上曾在世界各地出现过的23个文明形态中唯一的连续文明体，中华文明随生产力和生产关系的发展而实现自我更新。中华民族在五千多年历程中经历了社会形态和政治制度的多次变迁，经史子集、礼乐教化、四大发明曾闻名于世，经过多民族文化融合而兼收并蓄，形成强有力的文化传统，在与外来文化的交融会通中绽放新的活力。中国式现代化因文化传承发展而激活了经济社会发展的内在精神动力，将不断汇集人们创造的物质财富与不断提高人们的精神生活质量融为一体。

当一个社会的生产方式发生变化，必然带来文化观念层面的变革，人们以往的思维方式和价值观念必然在新的社会建设中得到更新。在中国式现代化进程中实现的文明重塑不仅照亮了博物馆中为人们静观的历史文物，而且成为日常生活中不断生成的文明实体。“读圣贤书”，“学而优则仕”，是古代学人的自觉追求。这种传承一方面彰显了修齐治平的精神境界，使民本、王道、仁政等观念转化为明君良相的道德实践，一方面也存在上述理想在古代读书人的为官之道中口惠而实不至的境况，因而需要扬弃文化糟粕的移风易俗。应当看到，“历史发展是包含矛盾的。在社会发展中，一个民族的传统既可能成为社会进步的绊脚石，又可能成为社会发展的障碍。因此，社会发展往往会成为破坏传统和重建传统的双重过程”①。以唯物史观传承发展中华优秀传统文化，实现文明重建，

---

①　陈先达：《历史唯物主义与当代中国》，北京：中国人民大学出版社，2019年，第353页。

使之促进中国式现代化，要明确为什么人进行文化生产和文化创造的问题，使人们平等享受文化资源，切实满足文化需要。

在历史上任何时期，文化建设几乎都是必不可少的，中国式现代化的文化形态是基于我国历史传承和文化传统形成的。解决今天的问题，不能在几千年前古代思想家的文献中寻找现成的答案，而要在解决问题的过程中赋予中华优秀传统文化以时代内涵。强调马克思主义基本原理同中国具体实际相结合、同中华优秀传统文化相结合，彰显了我们的历史自信和文化自信。马克思主义为中华民族提供了科学理性思维，拥有五千多年优秀传统文化是中国最根本的实际。以“两个结合”的科学方法推进中国式现代化，体现了我们党的文化自觉。正如毛泽东受中国人民政治协商会议第一届全体会议委托起草的会议宣言中所指出的：“扫除旧中国所留下来的贫困和愚昧，逐步地改善人民的物质生活和提高人民的文化生活”，“我们民族的前途是无限光明的”①。以马克思主义为指导，保持文化主体性、精神独立性、思想主动性，创造体现社会主义优越性的文明，中国式现代化以“古而又新”的姿态彰显了中华文明的特质。

在世界历史进程中推进中国式现代化，要与世界各民族优秀文化取长补短、兼收并蓄，以正确的态度推动文明交流互鉴。中国式现代化的文化形态不是超越时空的存在，而是时代发展和社会现实的反映，这种文化形态是以马克思主义为指导，传承中华优秀传统文化中的积极要素而推陈出新的结果，体现了文化的前进方向，是

---

① 《毛泽东文集》第5卷，北京：人民出版社，1996年，第348、347页。

与历史进步同频共振的。“在中华民族的开化史上，有素称发达的农业和手工业，有许多伟大的思想家、科学家、发明家、政治家、军事家、文学家和艺术家，有丰富的文化典籍”，“中华民族不但以刻苦耐劳著称于世，同时又是酷爱自由、富于革命传统的民族。……在中华民族的几千年的历史中，产生了很多的民族英雄和革命领袖。所以，中华民族又是一个有光荣的革命传统和优秀的历史遗产的民族”[①]。历史的选择在经济社会发展进程中深层次体现为文化的选择，中国式现代化的文化形态是立足中国、面向世界、面向未来的，以马克思主义基本原理作为科学指南，同传承几千年的中华优秀传统文化和人民群众日用而不觉的价值观念相融通，借鉴吸收一切人类优秀文明成果，在广袤的中华大地上映现了文明发展的璀璨图景。

在中国式现代化进程中，中华民族追求的小康和大同的价值理念被赋予时代新义，在创造性转化和创新性发展中成为实现民族复兴的使命担当。在马克思主义扎根于中华优秀传统文化沃土的同时，中华优秀传统文化的现代价值得以彰显。马克思主义基本原理同中华优秀传统文化相结合形成的文化生命体有其新陈代谢的过程，一种文明“如果长期自我封闭，必将走向衰落。交流互鉴是文明发展的本质要求。只有同其他文明交流互鉴、取长补短，才能保持旺盛生命活力”[②]。当今世界各国形成了“你中有我、我中有你”

---

① 《毛泽东选集》第2卷，北京：人民出版社，1991年，第622、623页。

② 《十九大以来重要文献选编》（中），北京：中央文献出版社，2021年，第82页。

的命运共同体。在多样性文化交流互鉴图景中，任何文化都不可能完全拒斥其他文化而独立存在，文明冲突与观念碰撞使人们越来越深刻地理解文化异化的代价，形成文化交流互鉴的自觉。

由此，我们可以看到中国式现代化的文化形态所具有的基本结构，看到其基于历史实践所规定的层次和特征。“中华民族的古老文明构成中国式现代化的底色，是其本体性规定；以马克思主义为指导，党领导人民在革命、建设、改革中创造的革命文化和社会主义先进文化，则是中国式现代化的本质性规定；吸收人类优秀文明成果，在全球化的过程中获得时代性与空间性规定，这共同构成了中国式现代化的文化内涵和精神气质。”[①] 中华文明革故鼎新、与时俱进，彰显走向现代化的中华优秀传统文化的主体价值。“苟日新，日日新，又日新”，“以日新为道”，承前启后，继往开来，展现了改变现实的进取精神和无畏品格。马克思主义反对事理分离、心物分离，强调人的自我意识和对象性意识是对客观现实的反映，在运用中国化时代化的马克思主义解决中国问题的过程中，中国式现代化彰显了精神上的自立自信，反映了现代中国人的实践创造。面对百年未有之大变局，我们要处理好文化传承与文化发展的关系、文化创造与文化传播的关系、文化批判与文化建设的关系，在与世界文化会通中激活新的创造力，以新的思想解放努力建设中华民族现代文明，创造人类文明新形态。

---

① 徐伟新：《中国式现代化的文化底蕴和精神特质》，《理论导报》2023 年第 5 期。

三、以新的思想解放建设中华民族现代文明

思想解放具有解决当前乃至未来社会发展问题的明确指向，其价值不只停留于思想本身，其现实性表现为创新经济社会发展思路与方法。作为“又一次的思想解放”，马克思主义基本原理同中华优秀传统文化相结合反映了中华民族的社会意识和价值取向，是在五千多年中华文明史中形成和发展且随历史演进而延续的。正是在这种结合的过程中，古代中国的“文治”“教化”逐步实现现代转化。“在五千多年中华文明深厚基础上开辟和发展中国特色社会主义，把马克思主义基本原理同中国具体实际、同中华优秀传统文化相结合是必由之路。”① 以新的文化使命理解马克思主义基本原理同中国具体实际相结合、同中华优秀传统文化相结合的科学方法，进一步推动中华优秀传统文化在中国式现代化进程中实现创造性转化、创新性发展，是努力建设中华民族现代文明的观念前提。

中国式现代化具有明确的历史定位和时代内涵，体现了独特的理论创新和实践创造。在中国式现代化进程中建设中华民族现代文明，要基于中国国情实现稳步迈进、协调发展，也要符合基本世情实现合作共赢、和平发展。与西方现代化以资本原始积累为开端，依靠坚船利炮巧取豪夺建立的现代世界体系不同，中国式现代化从

① 习近平：《在文化传承发展座谈会上的讲话》，《求是》2023 年第 17 期。

一开始就摒弃了以资本为中心的物质主义膨胀的模式，遵循社会主义建设规律和人类社会发展规律。与丛林法则和零和博弈的思维方式不同，中国式现代化将"己所不欲，勿施于人"的古训付诸实际，力图实现"己欲立而立人，己欲达而达人"的愿望，以敢于斗争的精神和坚毅的战略定力维护世界和平。其中内蕴着与西方现代化不同的历史观、文化观和发展观，体现了同马克思主义基本原理相结合的中华优秀传统文化的世界意识，彰显了中国式现代化的世界历史意义。

不断推进中国式现代化，稳步促进经济社会高质量发展，是建设中华民族现代文明的实践基础。我们党将社会主义制度与市场经济结合起来，建立社会主义市场经济体制，既发挥社会主义集中力量办大事的制度优势，又使市场在资源配置中起决定性作用，使有效市场和有为政府在中国式现代化进程中更好地发挥作用，解放和发展了社会生产力，不断加强社会主义现代化建设。中国式现代化以共同发展为本位，使 14 亿人整体迈入现代化，使物质文明和精神文明协调发展，促进人与自然和谐共生，走和平发展道路，实现全体人民共同富裕，以新发展理念推动高质量发展。中国式现代化在创造中华民族现代文明的过程中，彰显了体现中国特色社会主义制度优势的先进的物质力量。

在传承发展中华优秀传统文化的中国式现代化进程中实现古今文化相通和文明交流互鉴，是建设中华民族现代文明的基础。马克思主义基本原理同中华优秀传统文化有机融合、相互成就，使人们摆脱了传统观念的束缚，消除了马克思主义与中华优秀传统文化相互否定的错误倾向。面对中华民族伟大复兴战略全局和世界百年未有之大变局，我们要深刻理解中华文明的突出特性和中华民族的历史演进逻辑，不断推进马克思主义基本原理同中国具体实际和中华优秀传统文化深度结合，积极借鉴世界各民族文化的精华，加快建构中国自主的知识体系，在实践探索中实现面向未来的理论和制度创新。盛世修文，文脉贯通。今天，我们要承古拓今，促进文化对话与文明交融，使实现综合创新的中国学术在现代化进程中更好地面向世界、面向未来。

在此基础上，实现中国人的现代化，是建设中华民族现代文明的价值目的。中国式现代化深层次体现为中华文化的现代转化和中国人的现代化。现代中国人是在新的历史起点上创造新文化的主体，又总是从既有的思想中寻找和创造与中国式现代化相适应的文化形态。马克思主义使中国人深刻理解“中国向何处去”的根本问题，并在中国式现代化的实践创造中焕发了内在于中国文化传统的哲学理念、道德意识、价值情怀的勃勃生机，形成了革命文化和社会主义先进文化。革命文化植根于中华优秀传统文化，并在中国式现代化进程中转化为社会主义先进文化，汇成延续中华文明的连续性的现代中国文化的主流，成为确证中国式现代化实践成就的文化底气之所在。在中国式现代化进程中，我们要汲取中华优秀传统文化的源头活水，读懂润泽千年的文明故事，不忘本来，吸收外来，面向未来，辩证取舍，提高全民族的科学文化素质，建立科学、文明、健康的生活方式，使人们不断提高现代文明程度，从情感上认同新时代中国特色社会主义文化，在行为上自觉体现社会主义核心价值观的要求。

坚持马克思主义基本原理同中国具体实际相结合、同中华优秀传统文化相结合，为中国式现代化提供了科学方法，呈现了中国式现代化的系统观念，彰显了中国式现代化的价值目的。马克思主义真理之光激活了中华文明的现代意识，促进了中华民族在走向复兴进程中的自我理解。马克思主义中国化时代化与中华文明的现代重塑处于同一历史进程，并为中华文明的现代重塑指明了方向，走出了超越资本逻辑的社会主义现代化道路。中国特色社会主义之所以能够生机勃勃充满活力，关键在于“两个结合”。文化主体性是一个民族和国家文化认同的根本支撑，是我们形成历史自信和文化自信的前提。“两个结合”彰显了中华民族的文化主体性，只有传承发展中华优秀传统文化，在中国式现代化进程中彰显马克思主义中国化时代化的文化逻辑，创造人类文明新形态，方能彰显中国式现代化内在的精神动力。

在实现中华文明现代重塑的过程中，马克思主义逐渐具有了中华民族形式和时代内容，不断丰富和发展中国式现代化的文化形态，使人们在现代化途中形成符合时代发展要求的思维方式和价值观念。进一步提升中国人的现代文明程度，要构建解决全球性问题的人类命运共同体，注重实现个人的自由与全面发展，从而使现代中国人在追寻美好生活的总体性实践中实现其个性的发展。“此中一些问题是中国式现代化独有的，也有一些问题是世界性的，另有一些古今接续的历史之问，须于古今中外十字路口的对照、对话中，觅得解题的思想线索。”[①] 这就要在世界历史视野中不断培育

① 胡百精：《交往革命与人的现代化》，《新闻记者》2023 年第 1 期。

和创造新时代中国特色社会主义文化，深入理解中国特色社会主义文化与中国特色社会主义经济和中国特色社会主义政治之间的关系，阐释中国式现代化的文化形态对政治、经济、科技等领域的现实影响力，深化对新时代中国特色社会主义文化发展规律的认识，在强国建设、民族复兴新征程上赓续历史文脉、谱写当代华章。

文化立世，文化兴邦，文化关乎国本和国运。马克思主义基本原理同中国具体实际和中华优秀传统文化相结合，让我们在更广阔的文化空间中，充分运用中华优秀传统文化的宝贵资源。立足波澜壮阔的中华五千多年文明史，我们才能真正理解中国特色社会主义道路的历史必然、文化内涵和独特优势。今天，我们要以历史唯物主义的态度科学看待中华优秀传统文化，深刻认识到中华优秀传统文化是中华民族的根和魂，其蕴含的思想观念、人文精神、道德规范是中国人思想和精神的内核，是我们最深厚的文化软实力。传统文化与时代精神相融合，进而实现其现代转化，激活了中国特色社会主义文化发展的内生动力。新时代新征程，我们要不断促进马克思主义基本原理同中国具体实际和中华优秀传统文化相结合，从中华优秀传统文化中汲取治国理政、安邦济世的政治智慧，以人类文明新形态回应面向未来的实践创造的大逻辑。在文明发展的基础上实现文化繁荣兴盛，秉持新时代的新文化使命，在新的历史起点上大力推动文化繁荣，建设文化强国，建设中华民族现代文明。

第七章　坚定文化自信的历史传统与时代品格

党的十八大以来，习近平总书记多次从战略高度强调坚定文化自信的重要意义，因为文化自信是中华民族最具本质性的精神追求，是国家富强和民族复兴的动力源，是新时代中国社会发展的精神标识。可以说，文化自信是习近平总书记关于文化建设的重要论述的首要主题，凸显了道路自信、制度自信和理论自信的文化底蕴。在中国式现代化进程中，我们应深刻理解文化自信的历史传统与时代品格，切实把握文化自信的思想根基与现实价值，不断增强文化自信的底气。深刻把握马克思主义基本原理同中国具体实际相结合、同中华优秀传统文化相结合的内在机理，不断推进中华优秀传统文化创造性转化、创新性发展，努力建设中华民族现代文明。应充分认识到，文化自信体现了繁荣发展的中国应有的精神气质，体现了现代中国人应有的文化境界，是中国经济腾飞之后的精神起航，具有深远而持久的力量。

一、回溯文化自信的历史传统

作为更根本、更深沉和更持久的自信，文化自信是全国各族人民同心同德、团结奋进的思想基础。它反映了从“站起来”“富起来”到“强起来”的中华民族在走向复兴的进程中对自身文化传统及其发展前景的坚定信念，体现了对革命文化和社会主义先进文化发展的理解与认同，彰显了中国改革创新的精神气象，反映了新时代中国人自我实现的主体意识。正如习近平总书记在十九大报告中指出的：“没有高度的文化自信，没有文化的繁荣兴盛，就没有中华民族伟大复兴。要坚持中国特色社会主义文化发展道路，激发全民族文化创新创造活力，建设社会主义文化强国。”[①] 文化自信洋溢着民族精神和时代精神，为新时代中国社会发展注入了持久的精神力量，彰显了中华文化从历史走向未来的精神历程。

从历史传统角度理解文化自信的深层根基，需要深刻理解自轴心时代以来中华优秀传统文化与时俱进、自我超越的发展图景，深刻认识到它是中国理论与实践发展的双重需要，以思想的深度映现了中国社会发展的民族性和时代性。文化自信体现了我们党对中华优秀传统文化及其现代转型的深刻理解，既是对持续辉煌的中华文

① 习近平：《决胜全面建成小康社会 夺取新时代中国特色社会主义伟大胜利——在中国共产党第十九次全国代表大会上的报告》，北京：人民出版社，2017 年，第 41 页。

明历程的时代映现，也是对百余年来中华民族奋斗精神的文化归纳。在中国式现代化进程中，坚定历史自信和文化自信，就要以古为今用、去粗取精的文化自觉把握中华民族的文化传统，就要在文化认同的语境中展现中华民族近代以来苦难辉煌的历史进程，就要以具有中国风格和中国气派的文化话语解读中国道路、中国理论和中国制度，彰显中华民族的主体意识和文化自我。

回顾中华民族苦难辉煌的历史进程，可见中华优秀传统文化的比较优势与深远影响力。作为有五千多年文化发展史的“世界文明古国”之一，中国地域辽阔、物产丰厚，勤劳智慧、务实进取的一代代中国人创造了中华文明。自商周以来至清代中叶，博大精深的中华优秀传统文化是统一的多民族国家开拓、融合、发展的精神明证，展现了自强不息、昂扬奋进、海纳百川的文化气象。它内显在思想家的经史子集中，融贯在琴棋书画等艺术形式中，外化于举手投足的日用伦常间，构成了中国人的文化世界，使文化中国成为中国人精神生活的栖居地。但是，1840 年以后，在沦为半殖民地半封建社会的过程中，中国人开始失去文化自信。值此民族存亡之时，中国有识之士奔走奋进、徐图自强，以马克思主义为指导，用新文化塑造新生活，在新生活中向往新社会，吹响了新民主主义革命的号角。在新民主主义革命中，我们党塑造了革命文化，以之汇聚中国社会最广泛的力量，万众一心，在超越民族苦难的抗争中筑起新的长城，实现了中华文化的浴火重生。

新中国成立后，站起来的中国人走出了近代以来的文化自卑和自怯，在文化传承与创新中逐渐从困顿走向兴盛，生发了中国哲学

的底蕴和中国精神的底气。在实现国家富强与民族复兴的进程中，文化自信始终是一种动力源，成为凝聚中国精神的现实力量。面对“一穷二白”的社会现实，发挥社会主义主人翁精神，中国人民以强烈的民族自信心推动社会主义建设。改革开放掀起了思想解放的浪潮，形成了改革创新的时代精神。我们党创造性地提出在满足人民日益增长的物质生活需求的同时，满足人民日益增长的精神文化需求，强调“两手抓，两手都要硬”。通过辩证看待和正确处理物质文明和精神文明的关系，将精神文明建设贯穿于社会主义现代化的全局，努力实现物质文明和精神文明偕行并进，形成了在社会生活中具有示范性和影响力的文明观念，再次实现了中华文化的自我理解与自我超越，不仅拓展和完善了中华优秀传统文化的内涵并增强其影响力，而且赋予其现代表达形式并激活其生命力。在中国式现代化进程中，物质生活的不断丰裕为文化自信提供了强大支撑，我国文化事业稳步前进，文化创意产业快速发展，文化市场愈加繁荣，经济社会发展得到丰润的文化滋养。中国人以厚重的底蕴和多彩的形式展现文化自信的时代品格，凝聚起中国发展的强大精神力量，迈上了中华民族伟大复兴的新征程。

二、展现文化自信的时代品格

党的十八大以来，以习近平同志为核心的党中央高度重视文化建设，强调文化兴国、文化强国，认为“坚定文化自信，是事关国运兴衰、事关文化安全、事关民族精神独立性的大问题”[①]。没有国家独立和民族自强，就不会有真正的文化自信；缺乏文化自信，国家富强与民族复兴就缺乏精神根基。在中国式现代化进程中，中华优秀传统文化焕发出更加蓬勃的生命力，中华民族愈益展现出文化自信的时代品格。在更高起点上推动文化体制改革和传播手段创新，持续加强文化软实力建设，成为文化体制改革走向深入的必然要求。

提高国家文化软实力，不仅是加强文化建设和弘扬社会主义核心价值观的内在需要，也是提升国际话语权的重要举措。因为“文化软实力集中体现了一个国家基于文化而具有的凝聚力和生命力，以及由此产生的吸引力和影响力。古往今来，任何一个大国的发展进程，既是经济总量、军事力量等硬实力提高的进程，也是价值观念、思想文化等软实力提高的进程”[②]。拥有怎样的文化软实力，关系到中华文化在世界文化格局中的定位，关系到我国的国际地位和影响力，关系到“两个一百年”奋斗目标和中华民族伟大复兴中国梦的实现。为此，必须夯实文化软实力的根基，把握决定中国特色社会主义文化发展方向的深层次要素，完善文化生产和文化管理体制，由此激活文化创新创造活力，建设社会主义文化强国。

激活文化创新创造活力，要进一步强调文化建设对社会发展的现实意义，倡导健全的文化发展机制，形成积极向上的社会文化氛围，着力提升中国人的文化素质与文明程度。在中国式现代化进程

---

① 《习近平谈治国理政》第 2 卷，北京：外文出版社，2017 年，第 349 页。

② 《习近平关于社会主义文化建设论述摘编》，北京：中央文献出版社，2017 年，第 198 页。

中，我们应以历史眼光和主体意识反思社会发展的价值目标，反思全球化时代对中国文化生活的影响，调节社会主义市场经济发展过程中产生的文化冲突，推动经济发展环境的人文建构，确认新发展理念的文化内涵，审视个体创造行为与社会发展举措，解决各种复杂深刻的文化矛盾，推动与经济发展偕行的文化建构。

在中国式现代化进程中，建设社会主义文化强国，展现文化自信的时代品格，必须在实践创造中进行文化创造。在新时代的更高起点上进一步发展文化生产力，深化文化体制改革，扶持公益性文化事业，进一步发展文化创意产业，制定鼓励文化创新的政策，营造有利于出精品、出人才、出效益的社会文化环境，实现中国特色社会主义文化高质量发展。为此，要进一步推动文化体制改革，破除束缚文化发展的体制机制，形成与社会主义市场经济体制相适应的文化观念，深刻认识文化发展环境的变化，创造适应新技术和新媒体的文化产品，谋求适应社会发展的文化提升。

在中国式现代化进程中，同马克思主义相结合的中华优秀传统文化的凝聚力和影响力在更广阔的舞台上得到提升，中国正以独特的文化魅力在国际舞台上展露风采。习近平总书记指出："历史和现实都证明，中华民族有着强大的文化创造力。每到重大历史关头，文化都能感国运之变化、立时代之潮头、发时代之先声，为亿万人民、为伟大祖国鼓与呼。"① 进一步彰显文化强国建设的中国逻辑，展现真实、立体、全面的中国，要从哲学、历史、文化等角

① 习近平：《在文艺工作座谈会上的讲话》，北京：人民出版社，2015年，第5页。

度解读中国思想的内在价值，深化中国道路、中国理论、中国制度和中国文化的世界表达，切实反映新时代中国人民的伟大实践和精神风貌，彰显新时代中国文化发展的世界历史意义。为此，要用中国理论阐释中国实践，提出体现中国特色的社会发展的自我主张，呈现文化自信的实践逻辑。

三、把握文化自信的实践逻辑

在中国式现代化进程中，进一步夯实文化自信的深层根基，进一步实现社会主义先进文化改变世界的现实作用，进一步推动中华优秀传统文化创造性转化和创新性发展，促进新时代文化创新，必须把握文化自信的实践逻辑。为此，应在新时代中国经济社会发展的总体格局中理解文化建设的理论与实践，认识到国家统一、民族富强是文化自信的坚实基础，在创造新时代美好生活的过程中实现中华文化繁荣兴盛。这需要归纳中国文化发展的基本经验，把握文化发展中若干矛盾关系，更好地理解和运用文化发展的基本规律。

必须进一步解放和发展生产力，夯实新时代中国文化发展的基石。要以经济发展的辉煌成就作为物质基础，实现与之相适应的中国特色社会主义文化繁荣发展，在物质文明和精神文明的相互促进中实现历史进步与文化进步。同时应意识到，作为上层建筑的文化对经济基础具有反作用，这种反作用体现为深沉而持久的力量。历史证明，没有民族的科学的大众的中华民族的新文化，就不会有政治上自由、经济上繁荣的社会主义新中国，就不会取得社会主义现代化建设的伟大成就。在中国式现代化进程中，适应、把握、引领经济发展新常态，推进供给侧结构性改革，就要进一步彰显解放思想、实事求是的精神力量，加强社会主义精神文明建设，以符合时代精神的文化定力推动经济持续健康发展。

必须坚持马克思主义在意识形态领域的指导地位，巩固全党全国各族人民团结奋斗的共同思想基础。意识形态决定文化的前进方向和发展道路，任何社会的文化都与其所处时代的政治生活相互交融，同时也对政治现实产生不可忽视的作用。应进一步建设具有强大引领力的社会主义意识形态，切实弘扬主旋律，以先进文化作品鼓舞人，加强理想信念教育和思想道德教育，加强爱国主义、集体主义和社会主义教育，加强社会公德、职业道德和家庭美德建设，引导人们树立中国特色社会主义共同理想和正确的世界观、人生观、价值观，发扬社会主义道德风尚，提倡爱祖国、爱人民、爱劳动、爱科学、爱社会主义的公德，倡导人们在共有精神家园中齐心协力，尽快实现社会主义现代化。

必须进一步加强社会文明建设，着力优化中国特色社会主义治理文化。在中国式现代化进程中，要以符合时代精神的公共治理文化促进公共事业发展，实现国家治理体系和治理能力现代化。以新乡村文化推动乡村社会治理，以新城市文化促进和谐、幸福、安康的城市治理，在文化生活中建设美好生活，在文化发展中实现社会理想。为此，必须坚持为人民服务的文化立场，将促进社会治理创新置于更加重要的位置。适应新时代人们思想意识、价值取向和道德观念的新变化，切实保障和改善民生，健全基本公共服务体系，努力办好人民满意的教育，提高人民健康水平，促进各民族和睦相处、和衷共济、和谐发展。

必须高度重视生态文明建设，将其提升到“功在当代，利在千秋”的高度来理解，因为这是关乎人民福祉、关系民族未来的发展大计。在中国式现代化进程中，我们要树立“绿水青山就是金山银山”的文明观念，建构与生态文明发展相适应的生态文化，形成“山水林田湖草是一个生命共同体”的文化理念。正如习近平总书记所指出的：“我们既要绿水青山，也要金山银山。宁要绿水青山，不要金山银山，而且绿水青山就是金山银山。”[①] 要用联系的观点和发展的观点看待人与自然的关系，实现生态文明持续发展，从生

① 《习近平总书记系列重要讲话读本》，北京：学习出版社、人民出版社，2014年，第120页。

命共同体的文化高度将生态文明建设视为系统工程，统筹对自然环境的系统治理，形成自觉追求绿色发展理念的社会文化心理，建设好让人们望得见山、看得见水、记得住乡愁的美丽城市和乡村。

实现社会主义现代化，还必须加强教育科学文化建设，进一步发展社会主义教育、科学、卫生、体育、文学艺术和其他文化事业，促进和实现人的素质现代化。

在中国式现代化进程中，应深刻认识到，把握文化自信的实践逻辑，就要将文化建设置于经济社会发展的总体格局中。只有以人民为中心，以创新为动力，以发展为指向，以人才培养为根本，深刻理解文化发展的本来，合理借鉴文化发展的外来，才能更好创造文化发展的未来。要在历史前进的逻辑中前进，在实践创造中进行文化创造，在历史进步中实现文化进步。我们要以文化自信进一步提升中国经济社会发展的精神内涵，以文化自信的精神力量面对前进中的一切困难和挑战，坚定不移地开辟中国经济社会发展的新局面，以理想和信念之光照亮我们的时代，展现中国发展的新文化气象。

第八章　中国梦的历史语境、哲学境界与文化价值

中华民族在发展历程中书写了很多文明的憧憬，也实现了很多恢宏的梦想。直至晚清之际遭遇鸦片战争等一系列重大事件，华夷之辨为外族铁蹄踏碎，“吾国四千余年大梦之唤醒，实自甲午战败割台湾、偿二百兆以后始也”①。古老中国的梦醒时分正是少年中国梦的形成之际，沉思民族悲痛的历史，有识之士逐渐形成中华崛起的文化自觉。这种文化自觉反映了具有中国风格和中国气派的民族复兴之梦，这个梦想历经新文化运动、新民主主义革命、新中国建设和改革开放等重要历史时期，走过了180余年的历史，在全球化时代日益彰显与时俱进的世界历史意义。

① 梁启超：《戊戌政变记》，北京：中华书局，1954年，第1页。

一、中国梦的历史语境与现代中国的百年命运

当欧洲启蒙运动使英国和法国分别以工业革命和政治革命享誉世界的时候，德国、荷兰、西班牙等西方国家均及时适应世界潮流实现了大国崛起，而这时中国仍在封建专制体系内维持着自给自足的经济样态。及至崛起的西方国家将目光投向广袤的东方土地，向晚清政府提出开放市场的要求以实现通商的时候，遭遇了封闭的自然经济的抵制。这些多以武力崛起的国家遂以武力挑战中国，晚清政府自鸦片战争以来频频败北，从此签订了诸多丧权辱国的条约。中国的藩属体系和朝贡观念破产，多地被列强分割，成为半殖民地半封建国家。值此危急存亡之秋，中国有识之士"开眼看世界"，试图"师夷长技以制夷"，希求经营洋务而自强，可惜当时的民族资本家因条件所限均不能挽大厦之将倾。此后，译介西方文化政治典籍，启蒙沉浸于中国封建宗法体系中的民众，成为中国众多知识分子的文化自觉。

这种文化自觉鲜明地体现在严复等中国早期启蒙学者的言说中，翻译《天演论》的严复希望中国适应世界潮流，在世界政治经济走向中把握中国的命运。他认为中国问题主要在于政治制度和意识形态的弊端，"从事西学之后，平心察理，然后知中国从来政教之少是而多非"①。也就是说，研习西方科学技术，引进西方经济

① 《严复集》第1册，北京：中华书局，1986年，第49页。

生产方式，均不足以改变晚清中国颓败的走势，关键在于改革“政教”。这个努力集中体现在康有为、梁启超等晚清知识分子主导的戊戌变法运动中，这场又名“百日维新”的自上而下的改革得到光绪皇帝的支持，在实行变法的百余天里做了很多变革晚清政治制度的尝试。但是，由于触动了保守派的利益，这次改革很快就以戊戌六君子牺牲、康梁流亡海外以及袁世凯获得清廷信任而告终。

中国向何处去？这成为当时中国有识之士深思的重大历史命题。在保守派进一步丧权辱国的颓势下，革命的浪潮风起云涌。孙中山看到戊戌变法的改革惨剧，奔赴海外多国寻求物质和智力支持，以求在中国发动一场“驱除鞑虏”的革命。这场革命经历了多次起义失败，终在1911年成功。孙中山以民主共和的思想取代皇权神授的观念，希望中国成为现代民主国家，实现“三民主义”和“五权宪法”①。但由于革命者缺乏足够的政治和经济支持，民众尚处于启蒙之初，辛亥革命的果实为袁世凯篡夺，此后建立了与戊戌变法运动时日仿佛的复辟国家。百余天后，中国又陷入了军阀混战的局面。

从根本上改变这种局面，必须转变中国经济社会发展方式，确立符合时代走势的新文化精神，此举必然基于对中国传统政治文化和西方现代政治文化的双重反思。恰逢此际，近邻俄国爆发了十月革命，建立了以马克思主义为指导的苏维埃政权，宣布废除沙俄时代与中国签订的不平等条约，这个事件深深震撼了中国知识分子，

---

① 即在西方“三权”立法权、行政权、司法权的基础上，增加考试权和监察权。

使新文化运动在后期带有明显的马克思主义基调。李大钊、陈独秀等在《新青年》发表介绍马克思主义和苏俄革命的文章，北京大学马克思学说研究会等社团翻译出版了不少马克思主义著作，阅读马克思主义一时成为文化时尚。这些文化行为的直接结果是五四运动爆发。这场运动高举民主、科学的旗帜，以启蒙与救亡为宗旨，反对签订丧权辱国的《二十一条》。爱国青年的壮举震惊了中国。通常认为，这次运动是新民主主义革命开始的标志，为中国共产党的创立准备了条件。

马克思主义对现代中国的思想启蒙使人们重新理解中国和世界。正如李大钊所说，“要想把现代的新文明，从根底输入到社会里面，非把知识阶级与劳工阶级打成一片不可”[①]。当马克思主义成为中国社会的历史选择，必然需要人们在政治实践中将知识阶级的理念现实化，进而实现民族解放和人民幸福。九一八事变爆发后，中华民族陷入亡国的危机。正是在这一年，后来风靡世界的“美国梦”在亚当斯的笔下诞生了。与“美国梦”不同，这时中国梦的内容是拯中华狂澜于既倒，而“中华民族有同自己的敌人血战到底的气概，有在自力更生的基础上光复旧物的决心，有自立于世界民族之林的能力”[②]。中华民族的思想自我在民族解放战争中得到升华，马克思主义中国化渗入了中华文化的内在机理。

可以说，实现中国梦的理想在抗日战争和解放战争中得到具体体现，其实质在于将启蒙与救亡纳入同一历史进程。毛泽东站在世

---

① 李大钊：《青年与农村》，《晨报》1919年2月20—23日。

② 《毛泽东选集》第1卷，北京：人民出版社，1991年，第161页。

界历史的精神高度，自觉将马克思主义与西方文明的精华融入中华民族的文化血液，倡导“古为今用”“洋为中用”，使马克思主义获得中国的民族形式，从而明确了中国的革命道路。在得到民众广泛响应的新民主主义革命中，关于中国社会性质与社会问题的多重争论被暂时搁置起来；按照中国的特点应用马克思主义，使之具有中国风格和中国气派，成为中国革命的理论选择。这场革命的胜利，使新中国屹立在世界的东方，“中国人民从此站起来了”。此后，从新民主主义进入社会主义，实现国家繁荣昌盛的夙愿，使人民有尊严地享受建设新中国的劳动成果，成为中国社会各阶层的愿望。

这时，中国人已经有100余年悲壮的追梦史，旧中国的积弊使有识之士的社会理想难以实现。“为人民服务”思想的提出，激发了人们的主人翁精神和集体主义精神，如何在一穷二白的广阔土地上画出最新最美的图画，建设一个令世界瞩目的新国家，成为中国人的热切愿望。随着社会主义革命完成和新中国建设逐步展开，中国国民生产总值和国民教育文化程度得到很大的提升，屹立在东方的社会主义中国得到世界关注。但是，由于反右扩大化和“文化大革命”的失误，中国社会的各种问题凸显。要扭转这种局面，必须强调实践是检验真理的唯一标准，必须遵循历史唯物主义关于社会发展的基本观点，使中国经济社会保持稳定发展，并处理好政治、经济和文化发展的关系，提高人们的生活水平。

改革开放开启了中国梦的新航程，这时中国峰回路转、柳暗花明，人们对物质生活和精神文化的个性化追求遭受严重抑制的情况得到改变。中国社会开始步入稳健的轨道，“以经济建设为中心”，提高人们的精神文化素质，同时发展物质文明和精神文明，体现了邓小平对中国社会的现实考量和实际判断。当改革的步伐越迈越大，思想解放逐渐走向深入，中国迎来了经济建设的历史契机。谋求共同富裕，建设富强、民主、文明的社会主义中国，成为中国改革的历史强音。改革开放 40 多年来，中国经济社会发展取得了举世瞩目的成就，中国越来越走向世界，世界越来越了解中国，历史的合力将中国人的梦想汇合为实践的平行四边形，在很大程度上实现了中国社会各阶层和各民族的愿景，中国梦的轮廓逐渐清晰。

如今，中国已经基本实现小康社会，成为世界第二大经济体，形成了举世瞩目的“中国奇迹”①，并成功抵制了国际金融危机的冲击，更积极地参与国际事务，在倡导实现世界和谐和人类梦想的过程中彰显了中国精神。中国进入了百余年来最繁荣的时期。中国特色社会主义的理论高度和实践力度引人关注，中国特色社会主义道路体现世界历史意义，凝结中华民族的文化情结和社会理想的“中国梦”成为颇具影响的世界话语。中国梦的时代内涵愈益丰富，中国人要创造更多的物质财富和精神财富，进一步确认中华民族的文化尊严。

所以，当习近平在中国国家博物馆参观《复兴之路》展览时指出“实现中华民族伟大复兴，就是中华民族近代以来最伟大的梦想”之后，这一承载中华儿女 180 余年梦想的阐释，很快就吸引了世界的目光。中国梦的历史内涵与文化特征，以及中国梦与美国梦、世界梦的关系等话题得到学界热议。这一梦想穿越了中华民族

① 臧峰宇：《当代中国政治哲学研究的文化语境》，《学术月刊》2012 年第 12 期。

的百年命运，其演进具有厚重的历史底蕴，饱含丰沛的民族情感，获得了中国社会的广泛认同，也在很大程度上引起国际社会的共鸣。它浸润着现代中国人的价值选择，是当今中国社会发展的精神旗帜。探究中国梦的文化底蕴，理解现代中国的文化选择，无疑是促进中华民族伟大复兴的有益探索。

二、中国梦的哲学境界与现代中国的时代精神

阐释中国梦的哲学内涵，实际上就是以哲学的方式把握百余年来中国社会的发展历程，进而把握中国人的现代命运。可以说，现代西方哲学、马克思主义哲学和中国传统哲学是现代中国哲学史上具有代表性的思想坐标。马克思主义哲学、西方哲学和中国传统哲学在现代中国的传播具有各自的思想基础与时代条件。马克思主义哲学突出历史唯物主义视野和实践思维方式，强调人的自由与全面发展的理想诉求，至今仍是解释各种现实问题的有效工具，有助于人们在实践中改变世界。西方哲学的理性思维特别是启蒙思想和政治哲学有益于人们确立民主、法治、正义的观念，这些在中国社会发展进程中得到了思想印证。而无需强调的是，中国传统哲学的基本价值早已融入中国人的文化血液。可以说，当代中国哲学是民族传统与现代思想的综合体，而中国梦的追寻过程体现了中国知识分子的思想探索。

马克思主义哲学的实践逻辑与儒家的务实思维有相似之处，而以马克思主义为指导的十月革命的胜利，在很大程度上影响了中国

人的文化选择。对于占中国人口比例最高的农民来说，通过革命在阶级斗争中翻身解放，是一个难得的历史机遇。这就是革命时代的"中国梦"。所以，新民主主义革命的成功不是偶然的，新中国以中国化马克思主义作为主流意识形态也顺理成章。这时的马克思主义哲学教材以《共产党宣言》《资本论》《自然辩证法》《反杜林论》《路德维希·费尔巴哈和德国古典哲学的终结》，列宁、斯大林和毛泽东的著作为理论来源，它更新了中国人的思想观念，普及了集体主义原则和科学思维方式，为集中最广泛的人民的力量，改变中国落后的面貌，提供了合理的依据。但因缺乏马克思主义哲学实践的思维方式，教条地理解哲学史上的命题和范畴，仅仅以唯物主义或唯心主义为标准对中国传统哲学和西方哲学进行评价，很多古代思想家因此被贴上各种唯心主义的思想标签。这种思维方式严重背离了历史唯物主义，未能为中国式现代化提供科学理性的思维方式，从而在实践探索的过程中遭遇挫折。

改革开放使中国梦再次走向现代轨道，中国传统哲学、西方哲学和马克思主义哲学都得到新发展。学界开始梳理现代中国哲学思想史，并做出规范的清理与超越。改革开放以来，西方哲学在中国获得深入研究，《亚里士多德全集》《康德著作全集》等学术经典得到系统的翻译，很多现代西方哲学家成为大学校园的学术明星。同时，以中国传统文化为主要内容的国学开始复兴，孔子学院走向世界。这些文化研究和实践有益于让世界了解中国文化的民族性和时代性，中国梦是现代中国的思想制造，以马克思主义中国化的历史进程为文化主线，同时也以五千余年的中国哲学思想为底蕴。

因而，深入理解马克思主义哲学、西方哲学和中国传统哲学的关系，以其时代精神解析中国问题十分必要。当然，中国问题是一个非常复杂的问题，它是中国人的问题，是中华民族的问题，也是世界的问题。思考这个问题，既要梳理各种现实样态及其成因，也要展望社会发展的美好愿景。“每一历史时代的经济生产以及必然由此产生的社会结构，是该时代政治的和精神的历史的基础。”① 中国梦体现了中华民族思想自我的主观力量，只有稳健的社会生产生活实践才能使之成为现实。中国梦从空想走向科学，必然要反映中国经济持续发展的成就，体现中国特色社会主义发展的实践逻辑。审视这个合规律性与合目的性的统一，需要秉持历史唯物主义的思想方法，把握现代中国社会发展的内在规律。

回顾中国特色社会主义道路形成与发展的客观现实，可以在归纳正反两方面经验的过程中得出具有规律性的认识。“历史从哪里开始，思想进程也应当从哪里开始，而思想进程的进一步发展不过是历史过程在抽象的、理论上前后一贯的形式上的反映；这种反映是经过修正的，然而是按照现实的历史过程本身的规律修正的，这时，每一个要素可以在它完全成熟而具有典型性的发展点上加以考察。”② 因此，理解中国梦的哲学内涵，必须认识到中国处于社会主义初级阶段的社会现实，以符合国情和世情的实践逻辑凝聚中国力量，积聚促进中国经济社会发展的最大公约数，超越历史虚无主义，把握涉及改革发展稳定的各种重大问题，以现代气魄和全球眼光丰富中华民族的思想自我。

---

① 《马克思恩格斯选集》第 1 卷，北京：人民出版社，2012 年，第 380 页。

② 《马克思恩格斯选集》第 2 卷，北京：人民出版社，2012 年，第 14 页。

中國哲學史

任继愈主编

第一册

人民出版社

实现中国梦，必须具有战略思维，即从战略高度制定影响中国社会经济、政治、文化各方面发展的良策，凝聚以爱国主义为核心的民族精神和以改革创新为核心的时代精神，以辩证的、历史的思维方式确认中华民族的文化自豪感，促进中国经济和政治发展。达此宏愿，既要摒弃传统文化的陈旧思维，以现代思维凝聚中华民族的共同信念，进一步繁荣社会主义市场经济，实现中国社会发展的价值认同，也要摒弃冷战时期的对抗思维，以辩证思维传达和平发展的国际合作愿望，开拓“永不称霸”的合作共赢之路。为此，需要探究解析当代中国和世界发展问题的有效理论，完善中国特色社会主义制度，使追求思想和行为高尚的人们生活在公平正义的社会中。与此同时，建构具有中国特色、时代气息和大众风格的中国特色社会主义文化，优化其发展布局和结构，向世界传达中国话语，使具有世界历史意义的现代中国文化“乘桴浮于海”，展示中国的文化魅力与时代精神，丰富世界文化发展的多彩图景。

经过 40 多年来的和平发展，中国梦具有很高的思想立意，它体现了繁荣发展的中国应有的精神文化力量。现在是中国有史以来最有条件审视和解决中国问题的时候，在物质生活丰富之后，中国人需要进一步提升精神风貌和文化形象。一个没有梦想的人即使再富有，也很难拥有幸福的感受；而一个没有梦想的国家即使再富裕，也很难获得世界的文化认同。中国梦实际上是中国经济腾飞之后的精神启航，体现了中国道路的精神气质和哲学境界，既是中国人的自我激励，也是中国人对世界发展的文化表达。理解中国梦，必须理解中国传统哲学、西方哲学与马克思主义哲学在现代中国的融合，必须理解中国的社会结构与中国人的文化性格，它与西方发展理念存在不可忽视的差异，但人类的梦想终究是相通的。

三、中国梦的文化价值与现代中国的未来走向

“中国梦”如今已成为国内外学界热议的话题，从多重角度阐释中国梦的观点异彩纷呈，而读懂这个实现国家富强、民族复兴和人民幸福的梦想，需要合理理解其文化价值。从不同理论视域出发，可能对其做出不同的文化判断和价值评价。以历史唯物主义审视中国梦的文化价值，需要深入理解当代中国文化的基本结构和重要矛盾关系，展望中国特色社会主义文化发展道路的未来走向。

“西学”是“马学”产生的文化土壤，不全面了解“西学”，就难以完整把握“马学”产生的历史语境。“西学”对现代中国文化产生的影响是多方面的，百余年来西方的教育文化、科技文化、礼仪文化、宗教文化、经济文化与政治文化都促进了中国人文化观念的变迁。改革开放以来，西学名著的翻译与介绍已经形成可观的文化规模，“西学”的现代思想观念、新兴科学技术与学术制度得到学界广泛接受，网络信息平台加速了西方文化的传播速度，也引起了中国有识之士的全新审视。在全球化时代的文化发展图景中，包含“中、西、马”三大文化要素的现代中国文化与包含西方马克思主义在内的当代西方文化的对话，日益成为现代中国文化自我深化及其海外传播的重要途径。

以中华民族的文化形式存在的马克思主义，产生了马克思主义中国化的世界历史意义。马克思主义中国化突破了中国“三千年未有之变局”，开拓了中国人的文化眼界。现代中国社会的文化实践浸润着马克思主义中国化的内在机理。马克思主义的超越形而上学的文化特质与中国传统文化尽心穷理的风格内在融通。作为重要的文化实践命题，马克思主义中国化从根本上强调了中国文化的价值诉求，使社会平等和个人自由全面发展成为现代中国文化重要的思想主题。可以说，在百余年来中国社会发展的不同时期中，马克思主义中国化始终是推动中国社会发展的思想力量。

从当代中国文化发展的矛盾关系看，改革开放 40 多年来，中国社会发展取得了突出的成就，也形成了错综复杂的各种矛盾关系，这些矛盾关系在精神文化领域得到了深刻的反映。当今文化观念的传播日益快捷，原有的文化观念遭遇前所未有的挑战，道德失范、价值观扭曲、信仰危机成为迫切需要解决的现实问题。人们日益增长的精神文化需求同当前中国文化发展相对滞后之间存在着深刻的矛盾，这种矛盾的具体表现是文化乱象的存在和文化信仰的危机。这种精神危机已经成为阻碍中国社会进一步发展的紧迫问题，解决这个问题，需要运用历史唯物主义的矛盾分析方法和总体性方法，思考中华民族的现代文化定位，以全球化时代的中国经济、政治和文化发展状况为背景，以我们正在做的事情为中心，以中国特色社会主义文化发展脉络为线索，对影响文化发展的各种重要矛盾关系做深入系统的研究。

首先，应处理好文化发展与经济发展之间的关系。作为上层建筑的文化是经济基础的反映，同时发挥重要的反作用。百余年来，马克思主义与中国文化相融合，体现了中国化马克思主义的文化内涵。“马克思主义，就像所有其他的文化现象，随其社会经济环境的变化而变化。”① 人们的文化观念受社会思潮的影响，而社会思潮有着深刻的经济根源，文化观念的变迁回应着经济社会发展的律动。文化发展尽管具有不平衡性，但终究体现一定时代的经济状况，终究要表达时代精神。文化产品具有双重属性，其意识形态属性体现文化的软实力特征，其经济属性是文化的硬实力表达。文化事业和文化产业是文化发展的现实形式，前者突出文化的公益性，注重发挥文化的社会功能，注重文化内涵的普及与其对人们日常生活的精神导引；后者突出文化的经营性，注重体现文化的载体意义，注重文化产品承载的有形的劳动力价值规定。二者共处于文化发展过程中，承载的精神内涵是一致的。

其次，应处理好文化发展与政治发展之间的关系。具有社会功能的文化不是独立于政治的纯粹精神现象，总要反映一定时代的精神共性，必然体现自身的政治价值。为此，应以历史眼光和主体意识反思社会发展的价值目标，既注重弘扬主旋律，彰显社会主义制度对文化发展的本质要求，体现社会主义精神文明的时代高度；又注重改变不适应文化发展的制度安排，更新束缚当前文化发展的行为规则，完善维持各种文化组织机构设置及其运转的制度体系，以制度创新为中国特色社会主义文化发展提供强劲的动力支撑。在文

① ［美］詹明信：《晚期资本主义的文化逻辑：詹明信批评理论文选》，张旭东编，陈清侨等译，北京：三联书店，1997 年，第 274 页。

化自主与文化开放并重的格局中发展中国特色社会主义的政治文化与文化政治，既倡导政治文化的中国化和大众性，又倡导文化政治的时代化和国际性。在尊重社会主义初级阶段基本国情的同时，积极培育社会主义核心价值观，提升国民文化素质和道德素质，显示体现经济发展水平的国家文化形象，激发当今中国文化繁荣发展的活力，是体现文化自觉的重要战略选择。

再次，应处理好文化发展与社会生活之间的关系。作为关于人的本质力量的实现方式，文化凝练日常生活的历史记忆，呈现日常生活的实际样态。当代中国社会生活五彩斑斓，人们的生活方式既体现了中华文化的历史记忆，又反映了西方文化的多彩图景。跨文化理解与文化交流日益平常，其中既有文明的冲突，也有文化的延伸与接轨；既有对技术理性、大众生活乃至现代性的文化批判，又有对各种非主流文化的重新理解。网络技术的发展使信息平台不断拓宽，多样化融合为文化共享提供了各种可能，传统社会的文化塑造转变为现代社会的文化选择。回应人们在社会生活中的文化需求，需要确认反映当代中国社会新的利益关系和价值观念的文化逻辑，建构符合社会主义市场经济体制的文化规则，提升人们的文化素养和思想境界，使人们在社会发展进程中获得文化归属感和生活幸福感。

最后，应处理好文化发展内部各环节之间的关系。任何时代的文化都是复杂的社会有机体，文化的物质层面、精神层面和制度层面处于同质的社会时空中。推动文化各要素、各环节相互促进，应处理好文化继承与文化创新的关系、文化观念与文化实践的关系、文化创造与文化传播的关系、文化批判与文化建设的关系、精英文化与大众文化的关系。使文化全面、协调、可持续发展，使文化成果惠及全体人民，以时代精神更新人们的思想观念，在扬弃陈腐、堕落、低俗文化观念的同时，弘扬积极、健康、文明的时代风尚，注重发展文化高端形态，加强公共文化服务体系建设，创新文化管理体制和政策保障机制，提出合理配置文化资源的有效策略。文化发展内部各要素、各环节之间的关系实际上反映了文化发展的各种关系，涉及发展城市文化、乡镇文化、校园文化、社区文化、企业文化、军营文化等各方面文化建设的具体举措，是落实中国特色社会主义文化发展理论与实践对接的现实路径。

从中国梦的普遍性与特殊性角度看，中国梦与世界各国的美好梦想相通，同时体现中国社会发展的实际与中华民族的文化风格，体现了普遍性和特殊性的统一。如今，中国的国际交往与合作日益频繁，社会主义市场经济创造了“中国奇迹”。当西方世界开始认识中国的时候，我们已经了解了西方世界。我们知道，詹姆斯·亚当斯 1931 年在《美国史诗》中提出的“美国梦”以个人主义的方式张扬了美国精神，一直是推广全球的美国主流价值。而悄然兴起的“欧洲梦”倡导人类从物质牢笼中解放出来，强调共同体互相依赖，倡导实现文化多样性，共同抵制战争，呼吁全球合作，共享可持续发展的高品质生活。① 这些梦想是人类的精神财富，有各自的适用性和限度。拥有 5000 多年文明史的中华民族在经历了 180 余年的沧桑和奋进之后，对梦想也有独具特色的理解和体会。

① 臧峰宇：《马克思政治哲学与中国梦——访麦克莱伦教授》，《中国社会科学报》2013 年 12 月 25 日。

历史证明，实现中国梦，不能简单模仿西方国家的现代化历程，不能在虚无的臆想中拼接传统文化的瓦片，不能在脱离实际生活的语境中做教条式的引申。中国梦体现了中国精神和中国力量，是中国社会发展的实际需要，既具有民族文化的个性烙印，又具有包容天下的时代特征，体现了构建和谐社会和和谐世界的价值诉求。所以，“当代中国梦不是排外的梦，而是改革开放的梦，是与其他民族的梦相互映照的梦。其他民族的梦给了我们许多启迪，激活了我们民族内在的想象力和创造力；我们的梦也会给世界带来许多新的色彩，让世界变得更加姹紫嫣红、多彩多姿”①。作为一个喜闻乐见且得到全球热议的概念，中国梦生动地归纳了中国在现代化进程中的拼搏与憧憬，表达了中华腾飞的未来远景。

中国梦彰显了近代以来中国社会发展的历史主线，确认中国梦的文化定位，实则以历史唯物主义的文化思路阐释中国社会的现代化之路。回顾近代以来中国社会发展的历史进程，审视中国问题在不同历史时期的呈现方式与解决方案，我们应当看到，曾饱受帝国主义、殖民主义欺凌的中华民族历经磨难，始终探寻国家富强、民族复兴和人民幸福的梦想，始终在和平发展的道路上奉行互利共赢的开放战略。中国社会发展既关系到 14 亿人的生活境遇，也关系到世界发展的总体格局。作为世界上最大的发展中国家，中国有显著的发展成就，也有很多制约进一步发展的难题，如何突破这些难题，以更高远的梦想引领中国腾飞，为世界和平与发展贡献中国智

① 韩震：《中国梦的理论构建与哲学社会科学的责任》，《光明日报》2013 年 5 月 17 日。

慧，是实现中国梦需要思考和解决的重要问题。

中国梦是对民族的科学的大众的文化理想的深切表述，是对文化发展理念的现实表达，具有鲜明的时代性和广泛的人民性。因为"中国梦归根到底是人民的梦，必须紧紧依靠人民来实现，必须不断为人民造福"，追寻中国梦，就是让"生活在我们伟大祖国和伟大时代的中国人民，共同享有人生出彩的机会，共同享有梦想成真的机会，共同享有同祖国和时代一起成长与进步的机会"①。实现中国梦，必须满足人们日益增长的精神文化需求。国际社会对中国梦的关注，既是对中国现实与未来的审视，也是对中国精神所具有的全球价值的期待。在当今时代，以改革开放的创新思维激发当今中国文化在现代化进程中的时代活力，系统揭示现代中国文化发展的实践逻辑，阐释现代中国文化发展的价值诉求，需要凝聚全体中华儿女的智慧和力量，形成社会发展的合力，共同实现国家富强和人民幸福，提升现代社会的文化氛围，在改变中国的历史进程中为世界文明的发展做出贡献。

概言之，中国特色社会主义文化的普遍性维度反映了全球化时代文化发展的一般特征，其特殊性维度反映了中国化马克思主义的文化特质。这种普遍性和特殊性在当代中国文化的各种矛盾关系中得到了生动体现。强调中国梦的文化价值，应看到当代中国文化的矛盾关系是中国特色社会主义文化实践逻辑的现实展开，体现了融入世界历史的中国在现代化进程中的文化选择。这些矛盾关系是中

① 习近平：《在第十二届全国人民代表大会第一次会议上的讲话》，《人民日报》2013年3月18日。

国文化问题的多样表征，既来自历史积淀，也来自全球化时代的文化实践。解决当代中国文化问题，需要灵活运用中国文化的思想语法，纠偏关于当今中国文化发展的各种错误认识，调节社会主义市场经济运作过程中产生的文化冲突，分析当代中国文化发展的机遇与挑战，探究提升中国文化软实力与构建中国文化形象的可行性策略，使中国特色社会主义文化具有现代品格、中国气派和国际视野，成为增强民族自信心和民族凝聚力的精神力量。

第九章 中国特色社会主义文化发展的基本结构

探究影响近代以来中国社会发展的思想资源，我们可以看到，马克思主义哲学、中华优秀传统文化与西方优秀文化构成影响现代中国文化发展的三大要素。它们在现代中国文化发展的总体格局中处于不同的位置，相互作用，体现了现代中国文化发展的内在逻辑，形成了新时代中国特色社会主义文化发展的基本结构。百余年来，中国文化的多种表现形式都得到可观的发展，而“马学为魂，中学为体，西学为用，三流合一，综合创新”[①] 体现了现代中国文化结构的基本特征。“三流合一”是180多年来文化对话和文化实践的结果。其中，马克思主义哲学源自西方思想，又超越了传统西方思想，马克思主义哲学稍晚于西方思想传入中国，在中国广泛传

---

① 方克立：《“马魂、中体、西用”：中国文化发展的现实道路》，《北京大学学报》2010年第4期。

播并获得中国形式，是中国有识之士历史选择的结果。马克思主义哲学同中华优秀传统文化相互作用的结果是融而为一、互养相成，形成了马克思主义哲学中国化的思想结晶。

一、汲取中华优秀传统文化的思想精华

绵延五千余年的中华传统文化植根于社会心理的深层，是在中国人日常生活中普遍存在的社会意识形式。百余年来，中国社会发展的重要思想路标都体现着有识之士的历史选择，这种选择源于现代中国人追寻国家富强与生活幸福的心路历程。在世界文化发展的总体格局中，源远流长的中华优秀传统文化与现代中国人矢志不渝的文化探索都体现了中华民族的文化自我。百余年来，中国文化发展的经验表明，必须彰显中国文化发展的独特属性，彰显中华民族生生不息的精神气度，实现中华优秀传统文化的创造性转化和创新性发展。

首先，要深刻理解中华民族生生不息的精神气度。源远流长的中华优秀传统文化是中华民族生生不息的精神资源，春秋诸贤、战国百家开创了中国思想的长河，汉赋、唐诗、宋词、元曲、明杂剧、清传奇等以文化方式展现了中国历史的繁盛图景。正如习近平总书记所指出的："中华民族生生不息绵延发展、饱受挫折又不断浴火重生，都离不开中华文化的有力支撑。中华文化独一无二的理念、智慧、气度、神韵，增添了中国人民和中华民族内心深处的自

信和自豪。"[①] 在历史上创造出辉煌文化成就的中华民族素有文化自信的传统，在奋斗过程中形成了中华民族精神，这是今天中国人感到自信和自豪的文化基础。

中华传统文化源远流长、博大精深，蕴含着丰富的思想观念、人文精神、道德规范，成为中华民族的文化基因，铸就了绵延数千载的中华文明，构成独特的价值体系，深刻影响中国人的思维方式和价值观念。"中华民族有着深厚文化传统，形成了富有特色的思想体系，体现了中国人几千年来积累的知识智慧和理性思辨。"[②] 要弘扬中华优秀传统文化的思想精神，实现历史文化的时代表达，在中华物质文化遗产和非物质文化遗产中读出中华文化"活"的声音，加强对中华优秀传统文化的保护和运用，使之在新时代展现更璀璨的光芒。

其次，要实现对中华优秀传统文化的时代传承。进一步加强中华传统文化研究，要正确认识中华传统文化发展史，完善中华经典文献的编纂与解读，使中国文化展现强大的历史感。回首中华文化发展历程，中华民族几乎在每个历史时期都留下了令人感到自豪的文化精品，构成了每个时代社会精神的历史写照。这些在历史时代中铭刻的文化精品需要切实得到传承，"历史是一面镜子，从历史中，我们能够更好看清世界、参透生活、认识自己；历史也是一位智者，同历史对话，我们能够更好认识过去、把握当下、面向未

---

① 《习近平关于社会主义文化建设论述摘编》，北京：中央文献出版社，2017 年，第 15 页。

② 《习近平谈治国理政》第 2 卷，北京：外文出版社，2017 年，第 340 页。

来”[①]。文学艺术创造和文化研究都需要这种历史感，都需要从中华优秀传统文化的传承发展中汲取智慧源泉。

文化建设要固本培元、延续文脉，要归纳弘扬中华优秀传统文化的成就和方法，既不妄自菲薄、唯洋是从，也不妄自尊大、墨守成规，而要发现中华优秀传统文化、红色革命文化和社会主义先进文化之间的普遍联系，找到中华文化一以贯之的文化基因。文化研究和文艺创作要从历史文化中获得文献依据和想象空间，要意识到中国人独特的思想、情感、审美所具有的民族文化价值，从中感受文化自信的气度，保持并进一步积蓄中华文化的生命力和创造力。

再次，要进一步促进中华文化的海外传播。中华文化繁荣发展的过程，实际上也是不断走向世界的过程。探究促进中华文化海外传播的良策，需要进一步研究中华文化海外传播史，将中华文化的“过去”置于世界历史中赋予其价值。毋庸置疑，中华民族在五千多年的发展历程中，形成了十分宝贵、不可多得的文化资源，在世界文化总体格局中占有重要位置，为世界文化发展做出了重要贡献。为此，需要进一步总结中华文化海外传播的历史经验，思考中华文化光耀中国泽被远方的文化机理，归纳中华文化海外传播所展现的规律。

促进中华文化的海外传播，要进一步讲好中国故事，传播中国立场，增强中华文化的国际影响力。正如习近平总书记在《人民日报》海外版创刊30周年的重要批示中所指出的：“总结经验、发挥

① 《习近平谈治国理政》第2卷，北京：外文出版社，2017年，第351页。

优势、锐意创新，用海外读者乐于接受的方式、易于理解的语言，讲述好中国故事，传播好中国声音，努力成为增信释疑、凝心聚力的桥梁纽带。”① 为此，要进一步实现中华文化海外传播与交流，提升中华文化的国际形象，讲清楚中华文化海外传播的历史贡献与当代价值，实现中华文化的海外认同，使不断发展的中华文化为世界文明发展做出更大贡献。

中华优秀传统文化世代传承、延续至今，也在传承中推陈出新、绵延昌盛。弘扬中华文化的时代价值，要切实实现中华文化的创造性转化和创新性发展。习近平总书记指出：“中华文明延续着我们国家和民族的精神血脉，既需要薪火相传、代代守护，也需要与时俱进、推陈出新。要加强对中华优秀传统文化的挖掘和阐发，使中华民族最基本的文化基因与当代文化相适应、与现代社会相协调，把跨越时空、超越国界、富有永恒魅力、具有当代价值的文化精神弘扬起来。要推动中华文明创造性转化、创新性发展，激活其生命力，让中华文明同各国人民创造的多彩文明一道，为人类提供正确精神指引。”② 实现中华文明创造性转化、创新性发展，使中华文化展现时代精华，要在文化进步中映现历史进步。“文化是民族生存和发展的重要力量。人类社会每一次跃进，人类文明每一次升华，无不伴随着文化的历史性进步。”③ 在汲取中华优秀传统文化的思想精华和道德精髓的同时，要坚持文化的“两创”方针，在

① 《习近平新闻舆论思想要论》，北京：新华出版社，2017年，第137页。

② 《习近平谈治国理政》第2卷，北京：外文出版社，2017年，第340页。

③ 《习近平关于社会主义文化建设论述摘编》，北京：中央文献出版社，2017年，第5页。

新形势下处理好文化“守”和“变”的关系。既要进一步促进文化“百花齐放、百家争鸣”，又要坚持文化“为人民服务、为社会主义服务”的“二为”方向，做到不忘本来、辩证取舍，做到古为今用、守正开新，使中华文化体现新的时代内涵和现代形式。

生发中华优秀传统文化的时代精华，要使传统文化融入现实生活，使之在现实生活中开花结果。要对传统文化的思想精髓做现代解释，使之成为涵养社会主义核心价值观的源泉，成为培育良好社会风尚的文化基础。实现中华优秀传统文化的创造性转化，要运用马克思主义立场观点方法，思考中华优秀传统文化转化什么、如何转化等关键问题。要使中华优秀传统文化与当今中国社会发展实际相结合，与全面深化改革的实践探索相结合，与实现中华民族伟大复兴中国梦的追求相结合。要顺应时代、服务现实、面向未来，实现传统文化在新时代的实践养成，在对话交流与文明互鉴中呈现中华文化发展的时代魅力。实现中华优秀传统文化的创新性发展，是使中华文化别开生面的根本方式，是稳固中华民族的“根”和“魂”的文化途径。由此才能更好地展现中华优秀传统文化的鲜明底色，激发中华文化的创新创造活力，提振中国人奋发图强的强大精神力量。

为此，要使发展着的中华优秀传统文化与时代同行。正如习近平总书记所指出的：“要使中华民族最基本的文化基因与当代文化相适应、与现代社会相协调……把跨越时空、超越国度、富有永恒魅力、具有当代价值的文化精神弘扬起来，把继承传统优秀文化又弘扬时代精神、立足本国又面向世界的当代中国文化创新成果传播出去。”[①] 这是实现中华优秀传统文化革故鼎新的必由之路，也是提高文化软实力的重要方略。

二、弘扬“红船精神”与革命文化的光荣传统

当晚清遭遇外族铁蹄践踏，救亡图存成为中国社会的首要主题，生长在中国文化土壤中的先进知识分子以力挽狂澜的责任担当意识引入马克思主义，开启了新民主主义革命进程，在烽火硝烟中形成了乐观向上的革命文化。革命文化体现了革命先烈前赴后继为民族解放而献身的壮烈情怀，是同马克思主义相结合的中华优秀传统文化在中国救亡图存过程中的生动体现。以马克思主义改造中国传统文化，同时使马克思主义获得中国文化形式，是现代中国文化交融的创举。从建党时确立的“红船精神”开始，我们党形成了革命文化的光荣传统，实现了文化发展的民族性和人民性，塑造了中华文化的崭新形态。

“红船精神”是中国革命精神的历史起点和逻辑起点，塑造了我们党的政治品格和政治灵魂，至今洋溢着昂扬向上的精神力量。习近平总书记在瞻仰中共一大会址时强调：“上海党的一大会址、嘉兴南湖红船是我们党梦想起航的地方。我们党从这里诞生，从这里出征，从这里走向全国执政。这里是我们党的根脉。”[②] 在这里

① 《习近平谈治国理政》第 1 卷，北京：外文出版社，2018 年，第 161 页。
② 《习近平谈治国理政》第 3 卷，北京：外文出版社，2020 年，第 498 页。

形成的“红船精神”是中国革命精神之源，充分彰显了我们党始终站在历史和时代发展的潮头、走在时代前列的精神，由此引申出中国革命文化的光荣传统。

中国共产党的成立是“开天辟地的大事变”，使中国革命史开启新篇章，“其作始也简，其将毕也必巨”。“红船精神”是中国革命文化的初心，激励我们党在惊涛骇浪不断的革命大潮中不畏艰险，在长期艰苦卓绝的奋斗中奋勇前进。“南湖红船点燃的星星之火，形成了中国革命的燎原之势，使四海翻腾，五岳震荡。我们党从这里走向井冈山，走向延安，走向西柏坡，由一个领导人民为夺取政权而奋斗的党，成为领导人民掌握政权并长期执政的党。”①这种敢闯敢干、勇于革新的精神气质使我们党善作善成、一往无前，团结和带领人民取得了举世瞩目的伟大成就。

“红船精神”是中国革命的航标灯，引领中国革命乘风破浪。“红船所代表和昭示的是时代高度，是发展方向，是奋进明灯，是铸就在中华儿女心中的永不褪色的精神丰碑。”②“红船精神”是我们党诞生的精神标识，使中国革命有了坚定的理想信念，激励和鼓舞着我们党始终保持先进性，取得中国革命、建设和改革的伟大成就。铭记“红船精神”，就是坚守共产党人的初心。“事业发展永无止境，共产党人的初心永远不能改变。唯有不忘初心，方可告慰历史、告慰先辈，方可赢得民心、赢得时代，方可善作善成、一往无

---

① 习近平：《弘扬“红船精神” 走在时代前列》，《光明日报》2005年6月21日。

② 习近平：《弘扬“红船精神” 走在时代前列》，《光明日报》2005年6月21日。

前。"[1] 在中国特色社会主义新时代，我们党继续高扬红船的风帆，牢记共产主义远大理想，载着红船的意愿，坚持全心全意为人民服务的根本宗旨，创造满足人民需要的美好生活，体现了一以贯之的革命文化传统。

不忘初心，弘扬"红船精神"，要深刻理解"红船精神"的文化内涵。习近平总书记指出："开天辟地、敢为人先的首创精神，坚定理想、百折不挠的奋斗精神，立党为公、忠诚为民的奉献精神，是中国革命精神之源，也是'红船精神'的深刻内涵。"[2] 在没有现成道路可走的革命前夜，我们党敢为人先、勇往直前，探索救国救民的道路，屡受革命考验而始终不改初衷，在由弱变强的征

---

① 《不忘初心 牢记使命 专题十讲》，北京：人民出版社，2019 年，第 5 页。

② 习近平：《弘扬"红船精神" 走在时代前列》，《光明日报》2005 年 6 月 21 日。

程上找到了革命的真理，擎起革命的火炬，取得了新民主主义革命的伟大胜利。“红船精神”是中国革命精神的源头，也在中国革命文化传统中得到深刻的体现。

在新民主主义革命进程中，我们党形成了革命文化的光荣传统，井冈山精神、长征精神、延安精神、西柏坡精神与“红船精神”一道激励我们党在前进道路上不断夺取新胜利。中国革命文化的光荣传统体现为，确立坚定不移的革命信念，坚持党的绝对领导，坚持密切联系人民群众的思想作风，坚持一切从实际出发的思想路线，坚持艰苦奋斗的作风。这种光荣传统体现为不怕牺牲、敢于胜利的无产阶级乐观主义精神，自力更生、艰苦奋斗的创业精神，敢于斗争、敢于胜利的彻底革命精神，头脑清醒、目光远大的胜利者图强自律精神。这种光荣传统是我们党的传家宝，形成了激励我们奋勇向前的不朽的精神力量。

革命文化是新民主主义文化的主调，马克思主义中国化的根本塑型也是在延安文化创作与研究中实现的。正如毛泽东所说：“要使这运动真正成为中国广大民族的文化运动，要使我们的文化运动充发中国化……马克思主义和辩证法唯物论就可以说是在外国文化中接受过来的，然而不是生吞活剥的简单接受一个死东西，而是要把它种在自己土地上，使它适合中国的气候和营养条件。”[①] 也就是说，实现马克思主义中国化，需要反思新文化运动的西化思潮，形成适应中国实际的马克思主义民族形式。“民族的科学的大众的

---

① 从贤：《现阶段的文化运动》，《解放》第1卷第23期，1937年。

文化，就是人民大众反帝反封建的文化”，“这个文化新军的锋芒所向，从思想到形式（文字等），无不起了极大的革命。其声势之浩大，威力之猛烈，简直是所向无敌的。其动员之广大，超过中国任何历史时代”①。在这一时期，马克思主义开始具备中华民族的文化性格，并对新民主主义革命加以有效的指引，中国的革命者和实干家在此过程中实际地完成了救亡图存的历史使命。“中国产生了完全崭新的文化生力军，这就是中国共产党人所领导的共产主义的文化思想，即共产主义的宇宙观和社会革命论。”② 在毛泽东看来，这种文化“应为全民族中百分之九十以上的工农劳苦民众服务，并逐渐成为他们的文化”③，以之提升中国人的精神境界，使之发生影响和作用于中国社会的政治和经济，这是改变中国命运的必经之路。

这条道路的优越之处在于，不依靠西方国家的财政支持，而通过发动土地革命，动员、团结和依靠中国广大人民，在经济上乃至精神上独立自主，在实现民族解放的人民战争中取得革命的胜利。毛泽东对新民主主义文化的阐释体现了这时期的中国梦，他将文化植根于现代中国社会的土壤之中，突出文化的时代性和人民性。他强调要“使马克思主义在中国具体化，使之在其每一表现中带着必须有的中国的特性，即是说，按照中国的特点去应用它，……洋八股必须废止，空洞抽象的调头必须少唱，教条主义必须休息，而代

① 《毛泽东选集》第2卷，北京：人民出版社，1991年，第708－709、697－698页。
② 《毛泽东选集》第2卷，北京：人民出版社，1991年，第697页。
③ 《毛泽东选集》第2卷，北京：人民出版社，1991年，第708页。

之以新鲜活泼的、为中国老百姓所喜闻乐见的中国作风和中国气派”①。具有中国风格和中国气派的马克思主义成为中国社会崭新的文化形态，成为与中国社会发展实际相结合的现代文化，而毛泽东思想乃是这种文化的典范。

毛泽东在延安文艺座谈会上的讲话使《新民主主义论》中的文化思想得到进一步发挥。他在这篇讲话中不仅高度肯定了五四运动以来中国文化发展取得的成绩，而且明确了文艺工作的立场，特别是文艺工作的对象问题。他提出的两个问题引人深思：“我们的文艺是为什么人的?”“如何去服务。……就是：努力于提高呢，还是努力于普及呢?”他的论述详略得当，结论非常清楚：我们的文艺是为最广大的人民大众服务的；“普及工作和提高工作是不能截然分开的”，须知“一切革命的文学家艺术家只有联系群众，表现群众，把自己当作群众的忠实的代言人，他们的工作才有意义。只有代表群众才能教育群众，只有做群众的学生才能做群众的先生”②。这些思想用通俗易懂的语言指出何种文化能够体现时代的需要，引起了广泛的讨论，因而产生了持久而深远的影响。它实际地表明，实现中国梦必须秉持历史唯物主义的文化逻辑，必须坚持群众路线，必须摆脱历史虚无主义的束缚。

---

① 《毛泽东选集》第2卷，北京：人民出版社，1991年，第534页。

② 《毛泽东选集》第3卷，北京：人民出版社，1991年，第854、859、862、864页。

三、促进社会主义先进文化繁荣发展

为人民解放和人民革命而奋勇向前的革命精神在新中国成立后转化为主人翁精神、两弹一星精神、劳模精神等在和平年代建设社会主义的崇高精神境界，逐渐形成了致力于将我国建设成为富强、民主、文明、和谐的现代化强国的社会主义先进文化。新中国成立以来，我们党在建设社会主义现代化强国的过程中，努力促进社会主义先进文化繁荣发展，在总结正反两方面经验的基础上实现文化发展合规律性与合目的性的统一，形成了文化发展的新格局。

新中国的成立标志着中国历史翻开了崭新的篇章，各行各业的建设者发挥主人翁精神，在一张白纸上写最新最美的文字，画最新最美的图画，中国梦因而有了新的起点。随着生产资料私有制的社会主义改造基本完成，中国确立了社会主义制度和社会主义经济基础，为实现中国梦夯实了根基。建设新中国，需要新的文化观念。毛泽东意识到：“随着经济建设的高潮的到来，不可避免地将要出现一个文化建设的高潮。中国人被人认为不文明的时代已经过去了，我们将以一个具有高度文化的民族出现于世界。”① 这个文化建设的高潮是为经济建设的进一步发展服务的，就是要通过积极培育健康向上的社会主义文化，凝聚建设新中国的物质力量和精神力

① 《毛泽东著作选读》下册，北京：人民出版社，1986年，第692页。

量。达此宏愿，必须实现文化发展合规律性与合目的性的统一。

从此，中国人以时不我待的奋斗激情和精神意志投入使国家繁荣、民族富强的生产生活实践中，百废待兴的中国社会此时洋溢着积极进取的文化氛围。毛泽东主张“推陈出新”，“百花齐放，百家争鸣”，“古为今用，洋为中用”，认为“我们必须继承一切优秀的文学艺术遗产，批判地吸收其中一切有益的东西，作为我们从此时此地的人民生活中的文学艺术原料创造作品时候的借鉴”[①]。在此基础上建构的社会主义文化突出独立自主、实事求是的精神，进一步发展文化的民族性、科学性和大众性。他强调社会主义文化建设“应该越搞越中国化，而不是越搞越洋化。……要反对教条主义，反对保守主义，这两个东西对中国都是不利的。学外国不等于一切照搬。向古人学习是为了现在的活人，向外国人学习是为了今天的中国人”[②]。同时，“对中国的文化遗产，应当充分地利用，批判地利用”[③]。概言之，就是要借鉴世界上一切民族的文化精华，在灵活运用的过程中确立中国梦的文化基础。

这时期的中国社会发展凸显了文化的创新意识，形成了热情向往民族复兴的强大“合力”。“双百”方针尊重文化的多样性和文化的发展规律，在各种文化观念碰撞与交融的过程中实现中国社会主义文化的繁荣与发展，而文化作品脱颖而出的关键在于，能否得到人民群众的接受并引领人民群众更好地建设社会主义。毛泽东主张

---

① 《毛泽东选集》第3卷，北京：人民出版社，1991年，第860页。

② 《毛泽东文集》第7卷，北京：人民出版社，1999年，第82页。

③ 《毛泽东文集》第8卷，北京：人民出版社，1999年，第225页。

进一步扬弃旧文化，发展社会主义新文化，提倡赶超世界科学先进水平。他强调在实践中发展社会主义文化，在教育中普及社会主义文化。他认为：“我们的教育方针，应该使受教育者在德育、智育、体育几方面都得到发展，成为有社会主义觉悟的有文化的劳动者。”[①] 这些思想在实践中得到了相当有效的应用，提升了文化的民族性、科学性和大众性，促进了中国传统文化的现代转型。

毛泽东力图凝聚全体人民的力量，以马克思主义代替封建文化，从实践到观念上建设真正由人民群众当家作主的社会主义新中国。为此，需要确立人民文化话语权，使“人民群众是历史创造者”的观点成为全社会的共同认识。这种历史唯物主义的群众观点更新了人们的文化观念，从根本上涤荡了封建等级思想。为此，需要从根本上改变执政理念，确立“为人民服务”的意识，这些思想在反对贪污浪费和官僚主义的政治运动中得到了深刻体现。这个构思具有卓越的政治美学价值，是从社会经济发展和文化观念更新的双重角度立意的。

改革开放以来，人们感受到“科学的春天”，在这春天里孕育着文化的复兴，中国文化再一次在选择中走向自觉。这种自觉首先表现为思想的自觉。邓小平强调：“一定要在党内造成一种空气：尊重知识，尊重人才。要反对不尊重知识分子的错误思想。”[②] 中国文化事业从此开启了新的历史篇章，而物质文明和精神文明共同发展被看作“建设社会主义的一个战略方针问题。社会主义的历史

---

① 《毛泽东著作选读》下册，北京：人民出版社，1986 年，第 780－781 页。

② 《邓小平文选》第 2 卷，北京：人民出版社，1994 年，第 41 页。

经验和我国当前的现实情况都告诉我们，是否坚持这样的方针，将关系到社会主义的兴衰和成败"[①]。邓小平指出："教育要面向现代化，面向世界，面向未来。"[②] 这句话后来被视为改革开放的文化纲领，得到社会广泛认同，而"有理想、讲道德、有文化、守纪律"[③] 成为考量人们综合素质的重要标准。中国文化走出了低谷，从此再放异彩，中国特色社会主义文化发展理念逐渐形成。

改革开放为实现中国梦提供了重要的历史契机。解放和发展生产力，提高经济发展水平，实现共同富裕，使中华民族屹立于世界先进民族之林，再次成为中国人的社会理想。因为"我们要赶上时代，这是改革要达到的目的"[④]。这时期的思想解放具有重要的启蒙意义，人们重新审视社会主义的实质，认识到"贫穷不是社会主义"，对富裕无原则的鄙视也不是社会主义应有的文化思维。贫穷既可以用来描述物质生活状态，也可以用来描述精神生活状态，而走出贫穷的生活状态，应从物质和精神两方面着眼。所以，"我们要在建设高度物质文明的同时，提高全民族的科学文化水平，发展高尚的丰富多彩的文化生活，建设高度的社会主义精神文明"[⑤]。也就是说，要在改革开放的实践中促进物质文明和精神文明的共同发展。中国社会不仅要实现经济的稳步发展，而且要形成良好的文化氛围；中国人不仅要富起来，而且要文明起来；中国不仅要成为

① 《十二大以来重要文献选编》（上），北京：人民出版社，1986 年，第 25 页。
② 《邓小平文选》第 3 卷，北京：人民出版社，1993 年，第 35 页。
③ 《邓小平文选》第 2 卷，北京：人民出版社，1994 年，第 408 页。
④ 《邓小平文选》第 3 卷，北京：人民出版社，1993 年，第 242 页。
⑤ 《邓小平文选》第 2 卷，北京：人民出版社，1994 年，第 208 页。

经济强国，而且要成为文化强国。

这时，作为中国梦的文化主线，马克思主义中国化的历史进程再次谱写新的篇章，中国特色社会主义使中国梦具有新的历史规定性。中国社会进一步向现代社会转变，传统的计划经济向社会主义市场经济转变，市场在资源配置中的决定性作用得到明确，人们的精神文化需求也日益增多。改革开放以来，由于就业方式、利益关系和分配方式发生了深刻的变化，人们的利益归属、价值判断受到冲击，产生情绪上的波动和思想上的困惑，进而形成了纷繁复杂的社会思潮。为此，需要回答文化领域出现的新问题，增强先进文化对人们精神生活的引导。这成为中国特色社会主义文化建设者担当的历史使命，它要以自身的先进性满足人们的精神需求，从而成为建设中华民族共有精神家园的文化纽带。

具有先进性的中国特色社会主义文化反映了世情与国情，力图促进中国经济社会进一步发展，满足人民群众日益增长的精神需求，从而成为衡量党的先进性的标准。正如江泽民所指出的：“有中国特色社会主义的文化，是凝聚和激励全国各族人民的重要力量，是综合国力的重要标志。它渊源于中华民族五千年文明史，又植根于有中国特色社会主义的实践，具有鲜明的时代特点；它反映我国社会主义经济和政治的基本特征，又对经济和政治的发展起巨大促进作用。”① 这种对中国社会主义文化的规定反映了社会主义政治文明建设的价值取向。任何国家的文化都是这个国家的精神生

① 《江泽民文选》第 2 卷，北京：人民出版社，2006 年，第 33 页。

命，文化发展体现了经济发展和政治发展的价值含量。不能忽视经济发展和政治发展的状况，单向度地探讨文化发展的应然走向，因为经济发展和政治发展是文化发展的历史前提；也不能认为文化发展是经济发展和政治发展的自然结果，因为文化发展具有不均衡性，文化的反作用也具有改变世界的力量。

当历史进入21世纪，中国已经融入全球化时代的世界发展格局中，全球化时代的文化发展纷繁多元，文化传播的途径、速度和影响力与传统社会均不可同日而语。中国文化能否再创辉煌，能否持续成为中华民族凝聚力和创造力的源泉，是关系到中国经济和政治发展的重大现实问题。面对中国文化发展的机遇和挑战，我们要实现文化的科学发展，提升中国文化软实力和国家文化形象。要在建设社会主义物质文明、政治文明、精神文明的同时，建设社会主义社会文明和生态文明，致力于形成和谐进取的文化风尚，培养和谐文化的建设者和健康舆论的传播者，以文化自信和制度自信完善中国特色社会主义文化理论与实践。

习近平总书记指出："中华文化既是历史的、也是当代的，既是民族的、也是世界的。只有扎根脚下这块生于斯、长于斯的土地，文艺才能接住地气、增加底气、灌注生气，在世界文化激荡中站稳脚跟。正所谓'落其实者思其树，饮其流者怀其源'。我们要坚持不忘本来、吸收外来、面向未来，在继承中转化，在学习中超越……"① 我们要持续推动社会主义先进文化繁荣发展，提升中国

---

① 《习近平谈治国理政》第2卷，北京：外文出版社，2017年，第352页。

人的文化素养和精神风貌，开启中国特色社会主义文化发展的新篇章。

四、彰显美好生活的文化内涵

在新时代，“我国社会主要矛盾已经转化为人民日益增长的美好生活需要和不平衡不充分的发展之间的矛盾”①。社会主要矛盾的转化表明，我国温饱问题已经得到稳定解决，人们对美好生活有越来越清晰的自我意识，各地区、各领域不平衡不充分的发展状况已经成为社会主要矛盾的关键制约因素。从价值层面审视我国社会主要矛盾转化的内在成因，可以发现改革开放 40 多年来社会发展的动力机制及其折射的社会心理，把握人们在改革实践中逐渐形成的对美好生活的实际构想，满足人们自我实现的文化诉求。

首先，社会主要矛盾的转化反映了人们对美好生活的认识逐渐清晰和深刻。党的十一届三中全会决定将工作重心转移到社会主义现代化建设上来，确立了解放思想、实事求是的正确的思想路线，随后开始了解决人民的温饱问题、国民生产总值达到小康水平、基本实现现代化的循序渐进的改革实践探索。人们逐渐走出了物质匮乏的记忆，对物质和精神需要的理解越来越丰富和具体，开始向往

① 习近平：《决胜全面建成小康社会 夺取新时代中国特色社会主义伟大胜利——在中国共产党第十九次全国代表大会上的报告》，北京：人民出版社，2017 年，第 11 页。

和追寻美好生活。在思想解放的过程中，对哲学社会科学名著的翻译、创作和普及成为一时之风尚，“什么是好生活”这个经典的哲学问题走进人们的内心世界。在追寻美好生活的过程中，人们探索人性的密码，领悟自我管理的成功指南，在加快进取节奏的同时，开始思考生存和生活的文化差别，把握自我实现的辩证法。

随着温饱问题的解决，人们迈向小康社会，在自我实现的过程中形成现代人格，运用自己的理智，摆脱习惯思维和偏见的束缚，对好日子和过得好的状态有了愈加清晰的认识。关于美好生活的构想逐渐对象化为现实生活本身，人们逐渐理解要承担什么样的责任，履行什么样的义务，如何在稍纵即逝的机遇面前做出正确的判断和选择。通过思考改革的世界对人的意义关系，人们对美好生活有了愈益本质性的理解，对个性与共性的关系有了内在认识，开始思考什么是我们不能失去的，什么是我们不能辜负的，什么是坏生活最小化的概率。在实现现代化的征程中，科学昌明的现实激活了人们更加丰富的想象力，美好生活的内涵更有质感，它不仅体现为物质丰裕，而且令人精神愉快，它意味着人们的自我实现有了更丰富的可能性，对现实的把握淡定从容，对未来充满文化自信。

其次，社会主要矛盾的转化反映了人们需要的内涵和层次不断扩展、提升。随着生活水平日益提高，人们的需要更多样、更有质感，对教育、医疗、居住、就业、社会保障、生态环境的需要更丰富更现实。人们的需要不再局限于衣食住行等基础层次，而向更高的精神文化领域拓展，逐渐彰显现代生活品质。这是物质生活改善的必然结果，表明我国社会生产力整体水平已不再落后，正在缩小与发达国家的整体差距。“我们要赶上时代，这是改革要达到的目的。”[①] 赶上时代的前提是解放和发展社会生产力，以经济建设为中心，在改革初期强调效率优先。人们对精神生活的追求不能停留在贫穷的物质生活空间，必须首先实现物质层面的改观，而物质生活的逐渐丰盈必将对人们的精神生活产生深刻的触动。

正是在物质生活不断改观的过程中，人们的思维方式和价值观念与时俱进，在日益开放的视域中选择的空间越来越大。人们开始反思：什么是自我的真正需要？如何使个性与共性互养相成？在此过程中对需要的内涵有了更深的认识，需要的层次也逐渐提升。当有了更好的条件和更多的机会，人们也有了更多的梦想、更多的憧憬，破除制约理想实现的各种束缚的愿望也越来越强烈。在实现社会主义现代化的征程中，中国人的素养和能力逐渐现代化，在不同程度上形成了现代生活方式和交往方式，对健康、安全、居住、生态、发展空间也有了更高的要求。“从前慢”的生活节奏逐渐加速度，人们在网络化信息化生活空间中接收和发送更及时、更丰富的信息，也在新的社交网络中沟通世界、表达自我。

再次，社会主要矛盾的转化反映了人们对充分平衡的社会发展的内在需要。改革开放40多年来，我国经济社会高速发展，但仍然存在不平衡不充分的结构性问题。城乡之间、东西部之间、发达地区和欠发达地区之间的发展还不平衡，有些地方已经达到发达国家水平，有些地方还停留在前现代状态。城乡与区域发展的不平衡

---

① 《邓小平文选》第3卷，北京：人民出版社，1993年，第242页。

造成相对落后地区人们的心理落差，由此产生的人口流动强化了城乡与区域发展的不平衡。为此，必须精准提升相对落后地区经济社会发展水平，实施西部大开发、振兴东北老工业基地、乡村振兴等战略部署，进一步提升社会发展程度，提高社会发展总量，稳固社会发展态势。贯彻落实新发展理念，在经济稳步发展的同时，持续推进政治和文化进步，加强社会文明和生态文明建设的力度，呈现改革发展的丰富性和立体感。

应当看到，不平衡不充分的结构性问题制约了人们对美好生活的创造，不同社会群体在共享改革发展成果方面还存在需要缩小的差距，公平正义的分配格局还有待进一步优化。发展不充分必然造成不平衡，严重的不平衡又会加重不充分。只有消弭社会发展不平衡不充分的结构性问题，才能使人民群众有更强的安全感、获得感和幸福感。当人们不再因为地域、职业等方面原因不能获得人生出彩的机会，才不会为各种外在因素改变自我，才能在踏实进取中各得其所。当我国经济社会发展水平全面提升，人们的文化素养将迈上新台阶，仅仅为财富奔波的生活将成为过去的记忆。对每个人而言，美好生活不是整齐划一的，而体现为物质充裕、精神丰盈基础上的有个性的生活。正是在创造美好生活的过程中，上层建筑更加适应经济基础的要求，人们追求自由与全面发展，也将更好地实现社会全面进步。

习近平总书记在博鳌亚洲论坛 2018 年年会开幕式上发表主旨演讲时指出，改革开放给人们带来了许多弥足珍贵的启示，其中最重要的一条就是，“一个国家、一个民族要振兴，就必须在历史前进的逻辑中前进、在时代发展的潮流中发展”①。这句话道出了国家富强和民族复兴的实践逻辑，揭示了我们党带领人民推进改革的历史经验，呈现了全面深化改革的思想自觉与行动自觉。准确理解习近平总书记这一新的重大论断，要深刻把握改革开放的实践经验与内在价值，深刻认识历史前进的逻辑与时代发展的潮流，以更大的政治勇气和智慧推进全面深化改革的伟业。

改革开放40多年来，我国经济社会发展取得了举世瞩目的成就，形成了发展中国家实现现代化的宝贵经验。改革开放为党和国家的发展注入了生机和活力，体现了当代中国最鲜明的特色，是决定当代中国命运的关键抉择。40多年来，我们党坚持解放思想、实事求是，尊重和发扬人民群众首创精神，以社会主义现代化建设为主线，不断完善社会主义市场经济，开拓了中国特色社会主义事业新局面，书写了中华民族砥砺奋进的壮丽史诗。改革开放解放和发展了社会生产力，推进了经济、政治、文化、社会、生态等领域全面发展，使人民生活日益丰裕，使我国成为世界第二大经济体，以强起来的步伐走进世界舞台的中央，为解决全球问题提供了中国智慧和中国经验。

改革开放坚持问题导向，是为解决我国经济社会发展问题而产生的，也在不断解决问题的进程中深化。40多年来，我们党带领人民攻坚克难、开拓创新，不断探索改革开放的内在规律，始终保持历史前进的正确方向，深刻回答了“为什么发展”这个根本问

① 《习近平出席博鳌亚洲论坛2018年年会开幕式并发表主旨演讲》，《人民日报》2018年4月11日。

题。在社会主义现代化建设过程中，我们党坚持发展为了人民，发展依靠人民，发展成果由人民共享，把人民利益摆在至高无上的地位。正是因为切实解决教育、医疗、住房、社会保障、就业等关系人民群众切身利益的问题，我们党汇聚了人民群众的智慧和意志，激活了人民群众实现中华民族伟大复兴的精神力量。谋民生之利，解民生之忧，坚持以人民为中心的价值立场，引领人民追寻和创造美好生活，体现了改革开放的内在价值。

改革开放顺应时代发展的潮流，体现了历史前进的逻辑，为我国发展提供了强劲的物质和精神动力。改革是大势所趋、民心所向，是社会主义制度的自我完善，是发展中国特色社会主义的必由之路。改革开放 40 多年来，我们走完了发达国家几百年的发展路程，创造了举世瞩目的“中国奇迹”。改革开放永无止境，既不能一蹴而就，也不会一劳永逸。经济社会发展的每一步，都需要改革的推动，也在发展过程中形成进一步推进改革的思路和举措。改革开放 40 多年来的成功经验表明，中国特色社会主义的实践逻辑符合历史前进的趋势，为展现人类发展前景提供了中国思路。推进全面深化改革，必须把握历史机遇，在新的发展起点上顺应人民愿望和时代要求，蹄疾步稳推进我国经济社会平衡而充分的发展。

改革开放是前无古人的崭新事业，这项事业使中国赶上了时代，以纵深推进的发展态势融入世界多极化、经济全球化、社会信息化和文化多样化进程。中国改革遵循历史前进的逻辑，体现了历史必然性和客观规律性。在全面深化改革的新时代，我们党既强调以新发展理念增强发展新动力，也注重更好实现社会公平正义；既注重引领人民将改革开放引向深入，也敢于直面问题，勇于自我革命。始终顺应时代发展的潮流，注重把握改革的系统性、整体性和协同性问题，明确改革重点、路径、次序、方法，以不断丰盈的物质基础和愈益坚定的文化自信将改革的蓝图现实化，体现了合规律性与合目的性的统一。

在中国特色社会主义新时代，中国改革开放走到新的历史关头，必须以坚如磐石的战略定力将改革向纵深推进。40 多年前，改革的春雷响彻神州。40 多年间，东风吹来满眼春，“春天的故事”鼓舞人们不断追寻和创造美好生活。回顾 40 多年来中国改革开放的历史进程可见，改革取得了波澜壮阔的成就，也进入了深水区、攻坚区。在新时代的历史起点上再铸改革的辉煌成就，要把握历史规律，顺应世界大势，回应时代要求，使锐意创新的改革精神成为时代潮流。正如习近平总书记所指出的，要继续高举改革旗帜，站在更高起点谋划和推进改革，坚定改革定力，增强改革勇气，总结运用好党的十八大以来形成的改革新经验，再接再厉，久久为功，坚定不移地将改革进行到底。

新时代新征程，我们必须坚定人民立场，汇聚人才资源，提升创新动力，逢山开路，遇水架桥，以更大的决心和更强的担当意识提高改革的能力。在新时代推进全面深化改革的进程中，要勠力同心、乘势而上，以改革促进派和实干家的豪情壮志创作出我国经济社会发展最新最美的图画，不断满足人民日益增长的美好生活需要，不断展现中国特色社会主义的强大生命力，不断为解决人类问题做出更大贡献。进一步顺应时代发展的潮流，在历史前进的逻辑中继续前进，向着第二个百年奋斗目标迈进，实现中华民族伟大复兴中国梦，是我们时代伟大的梦想，也是我们奋进在中国道路上所要展现的中国精神。

第十章　建构中国自主知识体系的文化自觉

2022年4月，习近平总书记在中国人民大学考察时指出："加快构建中国特色哲学社会科学，归根结底是建构中国自主的知识体系。要以中国为观照、以时代为观照，立足中国实际，解决中国问题，不断推动中华优秀传统文化创造性转化、创新性发展，不断推进知识创新、理论创新、方法创新，使中国特色哲学社会科学真正屹立于世界学术之林。"① 这为加快构建中国特色哲学社会科学指明了方向，提供了根本遵循。今天，立足中华民族伟大复兴战略全局和世界百年未有之大变局，建构中国自主的知识体系，已成为加快构建中国特色哲学社会科学的内在要求。以布局合理的学科体系、植根中国的学术体系和融通中外的话语体系彰显创造中国式现

① 《坚持党的领导传承红色基因扎根中国大地 走出一条建设中国特色世界一流大学新路》，《人民日报》2022年4月26日。

代化道路的中华民族在世界历史中的位置，彰显中华民族创造人类文明新形态的思想伟力，应当成为我们时代的学术自觉。

一、把握中国自主知识体系的思想要义和内在结构

坚持马克思主义基本原理同中国具体实际和中华优秀传统文化相结合，不断推动中华优秀传统文化创造性转化、创新性发展，为建构中国自主知识体系奠定了坚实的基础。马克思主义在中国的传播，实际促进了现代中国知识体系的塑形，使体现民族性的中国学术逐渐彰显科学性和时代性。中华优秀传统文化为建构中国自主知识体系提供了深沉的文化自信，呈现了解析现代性问题的中华民族的主体之思。我们要以习近平新时代中国特色社会主义思想为指导，以建构中国自主知识体系的学术自觉进一步提炼哲学社会科学的标识性概念，提出研究中国问题最有效的学术范畴和命题，表达处理全球性问题的中国主张，形成阐述时代问题的话语体系。要突出优势、拓展领域、补齐短板、完善体系，使中国特色哲学社会科学展现中华民族在现代化探索中实现文明重塑的独特经验，不断推进马克思主义中国化时代化，发展当代中国马克思主义、21 世纪马克思主义。

推动我国历史上最为广泛而深刻的社会变革和人类历史上最为宏大而独特的实践创新，为建构中国自主知识体系提供了强大动力。马克思、恩格斯指出："一切划时代的体系的真正的内容都是

由于产生这些体系的那个时期的需要而形成起来的。”① 中国自主知识体系是在历史中演进的，是在解析时代问题的学术创造中生成的。中国特色社会主义伟大实践激发了中国自主知识体系建构的持久活力，面对我国独特的历史、文化、国情，把握中国思想的直接现实，要深刻领悟中华文化和中国精神的时代精华，深刻回答坚持与发展中国特色社会主义理论和实践提出的大量亟待解决的新问题。要立足中国、借鉴国外，挖掘历史、把握当代，关怀人类、面向未来，以建构中国自主知识体系的学术自觉呈现中国特色哲学社会科学的独特范式，阐释中国经验的规律性特征，展现中国思想独特的文化底蕴，把握中国知识的思想要义和内在结构，回答中国之问、世界之问、人民之问、时代之问，使之为人们所喜闻乐见，为国际社会所理解和接受。

确立以人民为中心的治学理念，不断推进知识创新、理论创新、方法创新，为建构中国自主知识体系明确了价值导向。为什么人的问题是哲学社会科学研究的根本性、原则性问题，哲学社会科学工作者要树立为人民做学问的理想，扎根中国大地，深入调查研究，把握群众的思想脉搏，使在治学中阐明的道理走进群众的心中。以实事求是的精神和执着探索的定力推动学术创新，以建构中国自主知识体系的学术自觉对中国式现代化道路进行学术归纳和学理阐释，不断增强中国学术的原创力。以马克思主义最鲜明的品格研究人民群众的实践创造，从中挖掘新材料、发现新问题、提出新

① 《马克思恩格斯全集》第3卷，北京：人民出版社，1960年，第544页。

观点、构建新理论，将自己的学术探索与党和人民的事业紧紧联系在一起。只有坚持为人民做学问，为人民的利益坚持真理，哲学社会科学工作者才能为祖国和人民立言，做出经得起实践、人民和历史检验的大学问。

建构中国自主知识体系，植根于中华民族五千多年文明史，体现了马克思主义中国化的思想伟力，映现了社会主义现代化建设的辉煌成就，是构建中国特色哲学社会科学的根本所在。在全面建设社会主义现代化国家新征程上，哲学社会科学工作者要加快构建具有继承性、民族性、原创性、时代性、系统性、专业性的中国特色哲学社会科学学科体系、学术体系、话语体系、教材体系和评价体系，以中国和时代为观照，在博采众长中彰显学理化、系统化的中国自主知识体系的视野和格局，增强中国特色哲学社会科学的主体性、原创性、本土化和竞争力，彰显中国之路、中国之治和中国之理，使体现时代精神的中国学术不断走向世界，让世界更好读懂中国，为推动构建人类命运共同体做出积极贡献。

二、建构中国自主的哲学知识体系

以中国和时代为观照，建构中国自主的知识体系，是加快构建中国特色哲学社会科学的根本路径。在建构中国自主知识体系的学术探索中，建构中国自主的哲学知识体系具有基础性作用，因为哲学是时代精神的精华与文化的活的灵魂。在新时代，建构中国自主的哲学知识体系，要以习近平新时代中国特色社会主义思想为指导，传承中华优秀传统文化典籍中的思想精华，融通古今中外哲学思想资源，重新厘定现代哲学学术体系的知识边界，以自觉意识和自主精神实现符合时代精神的思想创造，不断深化体现中国思想特质的哲学基础理论研究和跨学科研究，探究中国式现代化道路与人类文明新形态的哲学底蕴，深刻回答中国之问、世界之问、人民之问和时代之问，在面向实践的哲学研究中彰显中国之路、中国之治和中国之理。

建构中国自主的哲学知识体系，是百余年来我国几代哲学学人的夙愿。中国学界对“哲学”概念的最初理解是以西方哲学为标准的，以此反观中国古代思想史，便有将中国历史上的学问中能以西方哲学的概念名之者加以叙述的最初尝试。此时，探究中国传统文化中的知识论、宇宙论与人生论，乃是一种分析中国哲学观念结构的新思。这种尝试固然将中国哲学思想纳入现代知识体系，但在一定程度上强化了以西方哲学来区分一种思想是不是哲学的标准。学界后来深入讨论了中国哲学的合法性危机，形成对“哲学在中国”与“中国的哲学”的差异性理解。

新中国成立后，以马克思列宁主义为指导，结合中国具体实际，自主编写马克思主义哲学原理教科书，成为学界的思想自觉。在中央高级党校、中国人民大学、北京大学，以及上海、湖北、吉林有关部门各自编写完成马克思主义哲学教科书的基础上，1961年，艾思奇主编的《辩证唯物主义历史唯物主义》出版，这是我国第一部完整系统且广泛使用的马克思主义哲学教科书，书中对中国革命和社会主义建设进程中提出的一些问题做出哲学阐释，注重将马克思主义世界观转化为思想方法和工作方法，体现了马克思主义哲学中国化的观念创新。这部教科书满足了当时中国社会主义建设对哲学理论的实际需要，促进了学哲学、用哲学氛围的形成，具有深远的影响力，哺育了几代人的精神世界。

在冯友兰所著《中国哲学底发展》和张岱年等合编的《中国哲学史讲授提纲》相继发表后，1963 年，任继愈主编的《中国哲学史》出版，这是第一部关于中国哲学史的全国文科统编教材，在当时产生了广泛影响。这部教材采用唯物主义、唯心主义、辩证法、奴隶社会、封建社会、革命、阶级等术语，以“唯物主义与唯心主义斗争的历史”为线索分析中国哲学思想演进历程，引发了学界关于评价和编写中国哲学史的讨论。改革开放以来，学界摆脱了苏联哲学教科书的影响，总体上以马克思主义哲学同中华优秀传统文化相结合为视角理解中国哲学史的发展历程和基本问题，自主编写更符合中国哲学基本精神的中国哲学史教材。

在建设哲学教材体系的同时，学界积极阐述当代中国哲学的理论特质，探析哲学前沿问题与研究方法，探索构建具有中国风格和中国气派的哲学学科体系、学术体系和话语体系。以“实践”为核心范畴，建构中国马克思主义哲学体系，从中呈现了建构中国哲学知识体系并使之不断发展的质的规定性。因为当代中国哲学是以马克思主义哲学在中国的传播为起点逐步发展起来的，正是以马克思主义为指导的中国革命、建设和改革进程赋予了中国哲学知识体系以时代内涵和现实性力量，为开辟中国式现代化道路提供了哲学思想支撑。强调“一切从实际出发”“实事求是”“知行合一”等命题，提出“主要矛盾与次要矛盾”“内部矛盾与外部矛盾”等范畴，运用“理论联系实际”“尊重客观规律”“发挥主观能动性”等思路，中国马克思主义哲学的轮廓逐渐清晰。伴随社会主义现代化的实践探索，中国哲学史的思想精华同马克思主义基本原理相结合，并在时代发展进程中不断实现创造性转化和创新性发展，其符合时代精神的观念资源得到深刻阐发，彰显了守正创新的学术品格。

在重新书写中国哲学史的过程中，学界探析哲学与哲学史的关系问题，讨论“新理学”“新心学”“新气学”等中国哲学新思的创见，在梳理“照着讲”和“接着讲”的同时，提出“自己讲”的基本思路。在此基础上，学界重新理解中国哲学传统中积淀的知识智慧和理性思辨，把握中国哲学内蕴的超越情怀，归纳其中的独特思想优势，发掘其中悠远绵长的精神力量，激发出哲学面向未来的想象力，使中国传统哲学在社会转型过程中实现了现代重构。学界愈加质疑以西方哲学为标准理解“哲学”的观念，反对以此为圭臬审视中国哲学的合法性，强调中国思想的精华是一种具有独特文化底蕴与历史传承的哲学，其实质在于对在中国哲学的自主性之外讨论“哲学在中国”进行内在反思。学界以构建中国特色哲学学科体系、学术体系和话语体系的自觉，对人类文明新形态的实践创造进行具有历史意识的内在探究，反映了中国式现代化探索历程所体现的特定世界历史民族的实践经验。

学界秉持问题意识，深刻总结现代科学技术发展和人类知识进展的图景，反思人类现代化进程中的实践经验与现代学术思想的成就，在立足时代的中国语境中阐发现实的人及其历史发展的哲学，不断深化对现代社会发展规律的认识。与此同时，学界始终坚持实践是检验真理的唯一标准，回归哲学经典文本，观照复杂而深刻的时代问题，深入阐述哲学关注现实的方式，在反思苏联教科书哲学的同时，重新理解马克思的思想，阐述马克思主义哲学同中华优秀传统文化相结合的内在机理，探究马克思主义伦理学基本问题，阐述马克思主义宗教学理论与宗教中国化问题，揭示马克思主义哲学中国化的理论逻辑映现的中国式现代化的实践逻辑，不断推进马克思主义哲学中国化时代化。学界翻译出版了《亚里士多德全集》《康德著作全集》《黑格尔全集》等西方学术名著，深入研究了西方哲学思想的起源与演进历程。在此过程中，马克思主义哲学、中国哲学、外国哲学、伦理学、宗教学、科学技术哲学、逻辑学、美学、政治哲学、管理哲学等哲学二级学科得到深入发展，形成了哲学学科体系的基本轮廓。

建构中国哲学知识体系的自主探索体现了学界对马克思主义哲学、中华优秀传统文化和国外哲学社会科学观念、思路与方法的融通。学界将人民对美好生活的追求升华为体现时代精神的哲学理念，基于时代问题反观中国哲学思想发生的原初场域，深刻意识到对现实趋向于思想的需要做内在本质性回应所具有的重要意义，努力使不断丰富和发展的中国哲学走向世界。学界对西方哲学诸多概念和命题的理解体现了中国文化特质，或者说以中国人的思维方式、理解结构和价值观念阐述的西方哲学必然带有中国思想印记。与此相关的比较哲学研究力图通过跨文化对话，实现不同哲学的相互理解，进而深化中国哲学的自我理解。

中国哲学知识体系的精华体现在社会主义现代化实践探索中，建构中国自主的哲学知识体系，是以马克思主义为指导，结合新中国成立以来哲学回应时代发展需要的实际，几代学人筚路蓝缕、深耕厚植，努力推进创造性的自主探索，反映了中国人思维方式和价值观念的变迁。在这个需要思想而且一定能够产生思想的时代，有生命力的哲学研究不能停留于解释世界，而必然要以思想对象化的方式参与到改变世界的活动中并反思这种活动本身，从而形成一种总体性知识，形成一种把握社会发展走势的历史观，为有原则高度的实践提供思想支撑。纵观世界新的动荡变革引发的时代难题，理解哲学观念更新与文明形态变革的互动，深刻展现当代中国哲学的现实化所具有的实体性内容，必然要进一步建构中国自主的哲学知识体系并不断丰富其时代内涵。

《中共中央关于党的百年奋斗重大成就和历史经验的决议》指出：“独立自主是中华民族精神之魂，是我们立党立国的重要原则。走自己的路，是党百年奋斗得出的历史结论。”① 新中国成立以来，我们党领导中国人民坚持独立自主、自力更生，在一穷二白的基础上建立起完整的工业体系和国民经济体系，推动改革开放和社会主义现代化事业，建设中国特色社会主义，建立社会主义市场经济体制，使中国大踏步赶上了时代。我们党始终强调中国的事情必须由中国人民自己作主，依靠中国人民自己的力量来办，坚持独立自主实现国家发展战略不动摇，体现了实践基础上的理论创新所具有的中国风格和中

① 《中共中央关于党的百年奋斗重大成就和历史经验的决议》，北京：人民出版社，2021 年，第 67 页。

国气派。因此，促进当代中国哲学综合创新，要以原创性的理论探索体现中国风格和中国气派，按照立足中国、借鉴国外，挖掘历史、把握当代，关怀人类、面向未来的思路，凝结中华民族在走向伟大复兴征途中对时代问题的理性沉思，反映创造中国式现代化道路和人类文明新形态的民族自我意识，为塑造中华民族的思想自我确立自觉而博识的知性基础，深入推进中国自主的哲学知识体系的建构。

一是以习近平新时代中国特色社会主义思想为指导，坚持和运用辩证唯物主义和历史唯物主义世界观和方法论，彰显辩证思维、战略思维、历史思维、创新思维、法治思维和底线思维的现实性力量。建构中国自主的哲学知识体系，要深刻总结百多年来马克思主义基本原理同中国具体实际相结合、同中华优秀传统文化相结合的历史经验和现实意义，深刻归纳马克思主义哲学文本译介与传播为中国哲学社会科学提供的话语资源，深刻阐述和进一步提出中国马克思主义哲学的标识性概念。坚持实践的观点、历史的观点、辩证的观点、发展的观点，深刻阐释中华文化和中国精神的时代精华，不断推进马克思主义哲学中国化时代化。

二是以中国式现代化道路探索为现实基础，以中国特色社会主义实践凝结的中国经验为理论源泉，反映时代观念创新和文明新形态的实践创造。恩格斯指出："每一个时代的理论思维，包括我们这个时代的理论思维，都是一种历史的产物，它在不同的时代具有完全不同的形式，同时具有完全不同的内容。"① 建构中国自主的

---

① 《马克思恩格斯选集》第3卷，北京：人民出版社，2012年，第873页。

哲学知识体系，要立足中国实际，解答中国问题，反映我们时代的伟大变革，分析中国经济社会发展对人们的生活方式和价值观念的影响，为观察和研究时代问题提供具有实质性内涵的哲学判断，并为时代问题的解决提供底蕴深厚的哲学理路，构筑我们安身立命的精神家园。

三是坚持以问题为导向，深刻回答在实践中产生的时代之问，不断推进知识创新、理论创新、方法创新。当前，坚持和发展中国特色社会主义理论和实践提出了大量亟待解决的新问题，世界百年未有之大变局正在加速演进，世界进入新的动荡变革期，迫切需要回答好“世界怎么了”“人类向何处去”的时代之问。① 为此，必须从重大的现实问题中发现和提炼重大的理论问题，以创新的中国哲学理论概括体现社会主义现代化规律的中国实践，在发现问题、筛选问题、研究问题和解决问题的过程中实现哲学理论创新，探索构建哲学思想生成的观念、方法、实质、规律和可能性体系，不断深入探究问题中的哲学与哲学中的问题，为反思时代问题提供体现中国智慧的思想资源，使中国哲学独特的思维方式和价值内涵得到国际学界重新认识，并使之在文明对话中不断走向世界。

四是植根中华优秀传统文化的“沃土”，实现中国传统哲学的创造性转化、创新性发展，彰显中华民族独特的价值追求和精神标识。源远流长的中华五千多年文明史赋予中国哲学以持续稳健的文

---

① 艾四林、吴潜涛主编：《高校马克思主义理论学科发展报告（2021）》，北京：人民出版社，2023 年，第 336 页。

化品格，中华优秀传统文化的思想精华与道德精髓是当代中国哲学创新的重要源泉。建构中国自主的哲学知识体系，要不断推动马克思主义哲学同中华文明内在融合，阐发中国传统哲学概念和范畴的时代新义，焕发中国哲学思想持久的生命力。要立足时代、重读经典，发掘中国传统哲学超越时空的思想内涵，坚持古为今用、推陈出新，使实现创造性转化、创新性发展的中国传统哲学的思想精华与新时代实践交相辉映。

五是吸收借鉴国外哲学社会科学有益成果，打造为国际学界所理解和接受的新概念、新范畴、新表述，在文明对话中彰显中国哲学知识体系的鲜明特征。坚持洋为中用、融通创新，面对现代知识结构的重大变化，深刻洞察时代问题，融汇古今中外哲学思想资源而实现综合创新，在世界哲学语境中形成中国特色哲学学科体系、学术体系和话语体系的规范完整知识基础。建构中国自主的哲学知识体系，既要保持中华文化的主体性，也要体现对现代科学理性精神的汲取，在深化哲学知识创新的基础上，不断实现哲学理论创新和方法创新，使体现原创性和生命力的中国哲学思想为创造人类文明新形态贡献持续不竭的思想资源，充分发挥哲学在融通中外文化、增进文明交流中的独特作用，让世界更好读懂中国。

六是牢固树立为人民做学问的理念，深刻回答人们在日常生活中关注的真问题，以思想的方式促进人们对美好生活的追求，为人民群众的实践创造与满足美好生活的需要提供科学有效的思想方法和工作方法，使之为人们所喜闻乐见和实际掌握。正如马克思所说：“不是人们的意识决定人们的存在，相反，是人们的社会存在决定人们的意识。”[①] 坚持为人民做学问的哲学研究导向，体现了历史必然性和社会发展的客观规律，反映了中国马克思主义哲学的基本观点。建构中国自主的哲学知识体系，要着眼于人民群众的需要，扎根中国大地做研究，本于思，造于道，呈现我们时代经得起实践、历史、人民检验的学问，使人们认识世界和改变世界时更好掌握关于自然、社会和思维发展的普遍规律，使之体现当代中国哲学的民族的科学的大众的特征。

立足中华民族伟大复兴战略全局和世界百年未有之大变局，建构中国自主的哲学知识体系，要以习近平新时代中国特色社会主义思想为指导，坚定文化自信，基于不断实现创造性转化和创新性发展的中华优秀传统文化，回应社会发展、实践探索、历史前进对当代中国哲学创新的要求，建构面向世界的体现中国精神和时代精神的自主的哲学知识体系，呈现以清晰的概念和范畴为支撑的有思辨力的哲学理论，反映中国式现代化探索的艰辛历程和实践经验，让当代中国马克思主义哲学的光芒照亮社会主义现代化建设的新征程。立足国际学术前沿，彰显中国哲学研究的主体性和原创性，使中国自主的哲学知识体系体现中国立场、中国智慧、中国价值，使引领时代的中国哲学更好走向世界，深刻影响世界历史进程，为构建人类命运共同体提供哲学思想资源。

---

① 《马克思恩格斯全集》第 31 卷，北京：人民出版社，1998 年，第 412 页。

三、秉持哲学社会科学工作者的学术己任

习近平总书记在中国人民大学考察时指出："哲学社会科学工作者要做到方向明、主义真、学问高、德行正，自觉以回答中国之问、世界之问、人民之问、时代之问为学术己任，以彰显中国之路、中国之治、中国之理为思想追求，在研究解决事关党和国家全局性、根本性、关键性的重大问题上拿出真本事、取得好成果。"① 这为哲学社会科学工作者担当时代使命，加快构建中国特色哲学社会科学，建构中国自主知识体系指明了方向，提供了根本遵循。

哲学社会科学工作者要以习近平新时代中国特色社会主义思想为指导，坚持把马克思主义基本原理同中国具体实际和中华优秀传统文化相结合，不断推动中华优秀传统文化创造性转化、创新性发展。要立足中华民族伟大复兴战略全局和世界百年未有之大变局，坚持中华文化立场和为人民做学问的自觉意识，"尊德性而道问学，致广大而尽精微"，观照中国发展和时代进步，以不断创新的知识、理论、方法回答好坚持与发展中国特色社会主义理论和实践提出的大量亟待解决的新问题，回答好"世界怎么了""人类向何处去"的时代问题。

问题是时代的格言，学术研究要坚持问题导向，不断深化对时

① 《坚持党的领导传承红色基因扎根中国大地 走出一条建设中国特色世界一流大学新路》，《人民日报》2022年4月26日。

代问题的解答。社会发展、实践深化、历史前进需要哲学社会科学工作者不断创新，及时研究、提出、运用新思想、新理念、新办法，不断彰显学术研究的生命力。哲学社会科学工作者要明确学术己任，自觉回答中国之问、世界之问、人民之问、时代之问，深刻把握中国特色社会主义发展的理论逻辑、历史逻辑和实践逻辑，深入探究如何更好满足人民对美好生活的需要，以中国学术和中国理论回应时代关切，在回答世界之问的过程中展现“学术中的中国”“理论中的中国”“哲学社会科学中的中国”。

百余年来，我们党团结带领人民创造了中国式现代化道路，推进国家治理体系和治理能力现代化，充分体现了中国特色社会主义的制度优势。哲学社会科学工作者要以彰显中国之路、中国之治、中国之理为思想追求，深入探索中国百年现代化追求的经验启示，深入阐释中国式现代化的领导力量、发展道路、基本特征、根本动力和思想方法，深刻阐明中国现代化治理体系体现的治理逻辑、治理智慧及其在实践中体现的强大治理效能，用中国之理为解决世界进入新的动荡变革期人类面对的共同问题提供中国方案。

哲学社会科学工作者要秉持时代精神，研究解决事关国家全局性、根本性、关键性的重大问题，提出解析中国问题有效的学术范畴和命题，展现中华民族的思想自我，以精深的学术研究呈现思想中的时代，努力建构中国自主知识体系，不断提高以高质量学术成果促进社会发展的水平。加强国际传播能力，讲好中国故事，阐述中华民族在现代化探索中创造人类文明新形态的独特经验，以体现民族性、科学性和时代性的中国特色哲学社会科学融通中外文化、增进文明交流，让世界更好读懂中国，汇聚推动构建人类命运共同体的文化合力，彰显符合时代发展需要和人类文明进步的新时代观、新文明观和新价值观。

第十一章　建设中华民族现代文明的世界历史视野

作为具有世界历史意义的实践创造，中国式现代化以马克思主义基本原理同中国具体实际相结合、同中华优秀传统文化相结合为科学方法，拓展了中华优秀传统文化创造性转化、创新性发展的实践场域，在比较语境中实现文明交流互鉴。基于不同生产力发展阶段，不同文明之间和各文明内部都有先进与落后之别，但世界各民族文明没有高低、优劣之分，在内容上是多样的，在价值上是平等的，在关系上是包容的，且在发展过程中形成了一种共生机制。新时代新征程，建设中华民族现代文明，要以习近平文化思想为根本遵循，坚持马克思主义基本原理同中国具体实际和中华优秀传统文化相结合，不断促进中华优秀传统文化创造性转化、创新性发展，把握文明交流互鉴的历史规律，以学习、消化、融合、创新的方式把握不同文明中蕴含的博大精深、历久弥新的哲学理念，创造人类文明新形态，以中国式现代化全面推进中华民族伟大复兴。

一、秉持文明和谐发展的时代主张

作为启蒙时代以来的现代话语，“文明”（civilization）是与“野蛮”和“蒙昧”相对立的进步范畴，表明人们从落后的习俗中接受现代价值观念和生活方式，体现为社会发展和人的现代素养提升，曾为欧洲现代思想家用以表明自身优势的叙事。世界历史发端于现代化进程，世界市场的形成和普遍交往使人类社会逐渐成为广泛联系的整体，走向现代文明。通过对人类文明进程的历史分析，马克思阐述了前资本主义文明的特征，批判资本主义文明的危机，提出一种面向人类解放的文明视域，以此作为实现现代文明转型的支柱。在马克思看来，哲学在现代社会已获得这样的意义：“它是文明的活的灵魂，哲学已成为世界的哲学，而世界也成为哲学的世界。”① 文明是实践的事情和社会的素质，体现为包括物质、精神、政治、生态、社会等维度的综合范畴，并非纯然的精神文化产品，而在社会生活中具有实体性内容，因而必然在人们的实践活动中确认其根据。

文明是在人们的交互活动中发展的，普遍交往是人类文明发展的前景，各民族的整个内部结构取决于自己的生产以及自己内部和

① 《马克思恩格斯全集》第1卷，北京：人民出版社，1956年，第121页。

外部的交往发展程度，倡导人们在分工和交往过程中实现自由的联合，在共同劳动中摆脱异己力量的支配，从而在融入世界历史进程的物质生产和精神生产中获得自由与全面发展。文明的成就是以社会生产力的方式体现的，“随着新生产力的获得，人们改变自己的生产方式，随着生产方式即谋生的方式的改变，人们也就会改变自己的一切社会关系”①。现代社会是不断提高社会生产力水平的社会，但资本逻辑制造了无法克服的矛盾，生产出一种对抗性的关系，造成了周期性的经济危机，从中可见“文明中的野蛮”。面对这种对抗性的现实境遇，马克思强调要使这种堕落的文明走出世界历史的阴影，勾勒了现代文明的理想轮廓，提出超越资本主义文明的人类解放之路。

马克思关于现代文明的主张在中国式现代化进程中逐渐具体化，作为强国建设、民族复兴的康庄大道，中国式现代化实现了物质文明和精神文明相协调，实现了马克思主义科学理性精神与中华民族文化血脉内在融通，不断丰富人们的精神世界，不断满足人们对美好生活的需要，实现和平发展，促进了文明交流互鉴。2014年3月27日，习近平总书记在联合国教科文组织总部发表重要演讲时提出，“文明交流互鉴，是推动人类文明进步和世界和平发展的重要动力”②。2018年6月10日，在上海合作组织成员国元首理事会第十八次会议上，习近平总书记指出：“我们要树立平等、互鉴、对话、包容的文明观，以文明交流超越文明隔阂，以文明互鉴

① 《马克思恩格斯选集》第1卷，北京：人民出版社，2012年，第222页。
② 《习近平在联合国教科文组织总部发表演讲》，《人民日报》2014年3月28日。

超越文明冲突，以文明共存超越文明优越。”[①] 他多次深刻阐述文明的本质与文明和谐发展的规律，强调尊重文明多样性与平等性，把握文明多样性与统一性、普遍性与特殊性、文明主体性与对外开放、文明冲突与文明交流等重大关系，从中可见文明和谐论的时代价值。

文明和谐论是实现融合创新的文明主张，尊重世界文明多样性，强调不同文明在创造世界历史的过程中都是主体性存在，不同文明主体休戚与共，人类的未来命运处于相互构成的境遇中。在多样性文化交流互鉴图景中，任何文化都不可能完全拒斥其他文化而独立存在，文明冲突与观念碰撞使人们越来越深刻地理解文化异化的代价，形成文化借鉴与融合的自觉。文明虽有差异，但要摒弃“唯我独尊”的心态而实现共存。这种强调包容互惠、开放创新的文明观在中国式现代化进程中得到深刻体现，顺应和平、发展、合作、共赢的时代潮流，中国式现代化保持发展的自主性，发扬中华优秀传统文化成己达人、和实生物的天下情怀，积极借鉴人类一切优秀文明成果，寻求人类共同利益的最大公约数，以互鉴、合作和共享的方式实现价值共识，为人类开启更美好的文明前景。这种实现融合创新的文明主张立足时代、面向未来，认识到各种文明存在的价值，使各有千秋的文化相互借鉴而非相互对立。这种主张并非放弃任何文化主体的存在形式，而要激活文化的主体间性，形成共同体的文化合力。

---

① 习近平：《弘扬“上海精神” 构建命运共同体——在上海合作组织成员国元首理事会第十八次会议上的讲话》，北京：人民出版社，2018年，第4页。

文明和谐论表明文明的生成是多种因素综合发生作用的结果，纵观人类文明发展历程可见，自轴心时代以来的文化交融是古代世界文明交流的主线，全球化与现代性是近代世界文明交流的特征，和谐共生是当代人类文明发展的主流。知古鉴今，继往开来，“以和为贵”的观念在中华文化发展历程中源远流长。魏晋以来，儒释道文化交相辉映，各民族文化交融会通。及至宋代，“以佛修心，以道养生，以儒治世”的三教融合观念渐趋流行。“展开历史长卷，从赵武灵王胡服骑射，到北魏孝文帝汉化改革；从‘洛阳家家学胡乐’到‘万里羌人尽汉歌’；从边疆民族习用‘上衣下裳’‘雅歌儒服’，到中原盛行‘上衣下裤’、胡衣胡帽，以及今天随处可见的舞狮、胡琴、旗袍等，展现了各民族文化的互鉴融通。”① 正如汤因比所言，“就中国人来说，几千年来，比世界任何民族都成功地把几亿民众，从政治文化上团结起来。他们显示出这种在政治、文化上统一的本领，具有无与伦比的成功经验”②。以和谐思维推动文明交流互鉴，批判西方文明中心论与霸权主义，把握人与自然和谐共生、经济社会发展与文明进步、科技变革与社会发展的关系问题，方能揭示文明交流互鉴的历史规律。历史上中华文明、印度文明、古希腊文明、基督教文明、伊斯兰文明、拉丁美洲文明与世界其他文明交流互鉴，形成了人类文明交往的经验。中华文化素来强调天下和平，例如，墨子主张“兼相爱，交相利”，强调只有“国

---

① 习近平：《在全国民族团结进步表彰大会上的讲话》，北京：人民出版社，2019年，第5-6页。

② ［英］汤因比、［日］池田大作：《展望二十一世纪——汤因比与池田大作对话录》，荀春生等译，北京：国际文化出版公司，1985年，第284页。

与国不相攻，家与家不相乱"，方能"天下治"。早在春秋战国时代，诸子百家争鸣，中原文化、齐鲁文化、巴蜀文化等交流融合，成为影响深远的华夏文明。"和而不同"不仅是一种君子人格，而且是文化交融的基本理念。

文明和谐论彰显了马克思世界历史理论和共同体思想的时代精神，关注世界历史中的人类命运，着眼于人类共同的未来，使人类携手走向共同繁荣的新世界。为此，要摆脱西方文明中心论的偏见，避免陷入原子式个人的交往关系，避免文明社会缺乏"共同的在场性"，努力实现跨文化沟通和理解，探究通往人类未来的全球发展之道。当历史走向世界历史，人们有限的地域交往逐渐转化为普遍交往，人类的交往范围逐渐扩大，不同文明程度的民族国家之间的相互交往不断增强，在生产力普遍发展基础上形成的文明交流互鉴的程度日益加深。这种由物质生产发展所决定的世界历史进程改变了人们的交往方式，每个世界历史民族的发展给世界带来的都应当是机遇而不是威胁，是和平而不是战争，从而在根本上体现为文明的进步。

正如习近平总书记在复信雅典大学维尔维达基斯教授等希腊学者，祝贺中希文明互鉴中心成立时所指出的："在人类历史的漫长进程中，各民族创造了具有自身特点和标识的文明，共同构成人类文明绚丽多彩的百花园。各种文明是各民族历史探索和开拓的丰厚积累，也是今天各民族生存和发展的深层指引。我们要促进人类社会发展、共同构建人类命运共同体，就必须深入了解和把握各种文明的悠久起源和丰富内容，让一切文明的精华造福当今、造福人类。"① 只有尊重和理解不同民族、不同地域的文明观念，不断总结文明交流互鉴的历史经验与发展规律，才能把握世界各地"以文化人"的历史进程和"文以载道"的历史经验，审视和解决当今世界人类面临的突出矛盾和问题。

二、促进不同文明的交流互鉴

以文明和谐发展的时代主张审视世界历史进程中的普遍交往，就会深刻认识到，文明交流互鉴深层次体现为相互形塑的过程中，需要一种具有世界历史视野的发展理念。习近平总书记指出："世界文明历史揭示了一个规律：任何一种文明都要与时偕行，不断吸纳时代精华。我们应该用创新增添文明发展动力、激活文明进步的源头活水，不断创造出跨越时空、富有永恒魅力的文明成果。"② 今天，我们要以习近平文化思想为指导，正确认识和解答人类文明发展的重大问题，深刻阐述"历史合力论"在文明发展进程中体现为文明和谐论。"万物并育而不相害，道并行而不相悖"，从文明和谐论的视角来看，倡导"和平、发展、合作、共赢"理念已成为当今世界走向未来的必然选择，这种实践探索旨在使人类创造的一切文明中的优秀文化基因与当代文化相适应、与现代社会相协调，使

① 《习近平复信希腊学者》，《人民日报》2023 年 2 月 21 日。

② 《习近平谈治国理政》第 3 卷，北京：外文出版社，2020 年，第 470 页。

文明交流互鉴成为维护地区和世界和平的纽带。

从当今全球问题与生态危机的现实情状角度看，因文明的冲突而产生的价值分歧令人深深忧虑，人们日益意识到全球化时代的人类利益相互依存，切实摆脱全球危机，形成人类发展的全球共识意义重大。为此，应冲破冷战思维、零和思维的束缚，走出仅仅依靠实力决断的丛林法则，消除、弥合各种差异和分歧。摒弃唯我独尊、自我封闭的文化心理，摒弃试图同化和取代其他文化的意识，不要陷入独学无友、孤陋寡闻的文化境地。不同文明之间的交流是人类文明发展的里程碑，“要了解各种文明的真谛，必须秉持平等、谦虚的态度。如果居高临下对待一种文明，不仅不能参透这种文明的奥妙，而且会与之格格不入。历史和现实都表明，傲慢和偏见是文明交流互鉴的最大障碍”①。今天，保护各民族文化的多样性，遵循为各国普遍适用的价值理念，实现共同利益，要在文明交流互鉴中达成价值共识，在维护世界公平正义的过程中呵护人类的事业，以体现时代精神的全球治理理念和实践实现人类社会的美好愿景，从而形成促进今日世界文明发展的基本观念。

当今世界，人类生活在同一个地球村里，生活在历史和现实交汇的同一个时空里。世界现代化的发展步伐持续前行，面对机遇和挑战并存的现实境遇，我们要以增量博弈和合作共赢的方式解决问题。当世界从根本上变得更加现代化，我们要形成与时代发展要求相适应的文明多样观、文明平等观和文明动力观，深刻认识到不同

---

① 《习近平谈治国理政》第 1 卷，北京：外文出版社，2018 年，第 259 页。

民族国家在多年交往、融合的历史中创造了灿烂多样的文明，各个平等的文明在发展过程中日益形成命运共同体，在交流互鉴中汇聚了发展的动力。面对复杂而深刻的全球性问题，旧的文明秩序已经越来越成为世界历史发展的阻力，各国经济社会发展都应从全球视野探究整体性进路，给世界和平与发展带来更多的确定性，形成真正有效的国际合作，进而引领人类文明的未来。

从世界现代化发展经验角度看，西方文明史上的霸权扩张、文化殖民主义等行径不具有普遍性特征，更不应成为世界现代化发展的范例，走向未来的现代化更多体现出一种不同于西方的模式。在中国式现代化进程中形成的新文明观力图打破不同民族间文化交往的壁垒，遵循“己所不欲，勿施于人”的古训，倡导以海纳百川的宽广胸怀与和而不同的方式汇聚全球共识，在合作共赢中化解冲突，以兼收并蓄的态度和互利互惠的理念构建新型国际关系。国之交在民相亲，民相亲在心相通，在文化交流互鉴中架起民心相通的桥梁，方能沟通心灵、增进共识，使在价值上平等的不同文明在交流中形成新的时代活力，弘扬和平、发展、公平、正义、民主、自由的全人类共同价值，拓展合作共赢、共建共享的文明发展新路径。

在世界历史进程中，不同的文化传统因交流互鉴而逐渐相通相近，形成了对未来文明交融具有启发性的历史经验，对现代文明发展具有深远启示。今天，建设中华民族现代文明，要超越普世价值论和文明冲突论，推动各国优秀传统文化在现代化进程中实现创造性转化、创新性发展，深刻理解世界文明在交融会通中和谐共生的精神品格。正如习近平总书记所指出的，“世界各国人民应该秉持‘天下一家’理念，张开怀抱，彼此理解，求同存异，共同为构建人类命运共同体而努力”①。今天，世界各国应基于自身文明传统和现代化经验，顺应和平、发展、合作、共赢的时代潮流，在文明交流互鉴中增进共识，不断扩大理念契合点、利益汇合点，从而实现文化融合与再生，形成文化合力，同心打造人类命运共同体。

从中国式现代化为解决全球问题提供的中国方案角度看，在中国式现代化进程中实现的文明创造“推己及人”，以“古今中外法”实现文化融通，激活了强大的物质力量和精神力量。我们党团结带领人民在百年奋斗征程上，运用马克思主义基本原理与方法，传承发展中华优秀传统文化，使马克思主义基本原理同中华优秀传统文化发生“化学反应”，在“结合”中使两种来源不同的文化实现内在要素和结构的深层次重组，形成了中国式现代化的文化形态。这种文化形态“疏源浚流，与古为新”，着眼于社会进步和共同体的发展，既保持精神文化的独立自主，又以和平、和谐、合异的态度保持文化开放，促进人类文明共同繁荣进步，不断实现中华文化的自我更新，在文明交流互鉴中彰显了世界历史意识，形成了不同国家和不同民族在文化交往时应当秉持的基本原则。

中华民族具有实现文明和谐发展的历史自信，我们不仅拥有5000年辉煌灿烂的文明，而且16世纪以前对人类生活有重要影响

① 习近平：《携手建设更加美好的世界——在中国共产党与世界政党高层对话会上的主旨讲话》，北京：人民出版社，2017年，第3页。

的300多项科技发明中约有200项是由中国人发明并经丝绸之路广为传播的，深刻影响了人类文明发展进程。今天，我们要以中华优秀传统文化的“生生”之道创生不息、革新不止，实现有原则高度的文明共生和文化互生，形成共建美好世界的最大公约数。“面向世界动荡变革和文明交往新形态，为开展新时代国际传播提供厚实的历史文化资源和坚稳的价值依凭”，使“古今会通应伴以中西互镜，基于中华文化统绪构建有中国特色且兼备全球价值的知识体系”①。为此，要立足现实问题，以公共理性促成社会共识，在经济社会发展的实践探索中提升文化的动能，以文化自觉和文化自信为解决全球发展问题提供中国方案。

中国式现代化拓展了全球发展新道路，创造了人类文明新形态，给既希望加快发展又希望保持自身独立性的国家和民族实现现代化提供了全新选择。2023年3月15日，习近平总书记在中国共产党与世界政党高层对话会上提出“全球文明倡议”，倡导尊重世界文明多样性，弘扬全人类共同价值，重视文明传承和创新，加强国际人文交流合作，“努力开创世界各国人文交流、文化交融、民心相通新局面，让世界文明百花园姹紫嫣红、生机盎然”②。当人类社会现代化进程又一次来到历史的十字路口，要坚持文化主体性，坚持公平、普惠、包容的文明交往观，坚持胸怀天下的世界意识，为现代文明进步注入源源不断的动力。

---

① 胡百精：《中华文化国际传播的战略思维与路径》，《对外传播》2022年第9期。

② 习近平：《携手同行现代化之路——在中国共产党与世界政党高层对话会上的主旨讲话》，《人民日报》2023年3月16日。

"全球文明倡议"与此前提出的"全球发展倡议"和"全球安全倡议"环环相扣，共同构成了构建人类命运共同体的基石，体现了马克思主义基本原理同中华优秀传统文化相结合的历史经验与文明意识，拓展了文明开放发展的边界，推动开创世界各国人文交流、文化交融、民心相通的互动格局。既尊重文明的多样性，又寻求文明发展的最大公约数，"全球文明倡议"映现了世界文明综合创新的历史辩证法。面对当今各国走向文明冲突还是实现全球繁荣的时代之问，"全球文明倡议"为人类社会现代化勾勒出理想前景，倡导构建相互尊重、公平正义、合作共赢的新型国际关系，形成共商、共建、共享的全球治理原则，强调在求同存异中共同前进，无疑具有深远的历史进步意义。

三、坚定文化主体性与胸怀天下的世界意识

秉持文明和谐发展的时代主张，面向人类文明新形态的实践创造，我们应有坚定文化主体性和胸怀天下的历史辩证法。今天，世界局势发生前所未有的剧烈复杂变化，给人类文明发展带来巨大的不确定性。伴随生态环境危机、资源和气候危机而来的还有金融危机和社会危机，人类面临的风险是全方位的。面对世界政治经济秩序激烈动荡，力图走出这种全方位的风险和危机，深思人类的命运、民族的未来、文明的前途，我们要依据内生力量推动文明进步，聚焦满足人民群众追求美好生活的需求，"扎根脚下这块生于

斯、长于斯的土地”，“接住地气、增加底气、灌注生气，在世界文化激荡中站稳脚跟”[①]。秉持独立自主原则，坚持把国家和民族发展放在自己力量的基点上，在中国式现代化进程中创造人类文明新形态，树立平等、互鉴、对话、包容的新文明观，不断丰富和拓展构建人类命运共同体的现实路径。

党的十八大以来，以习近平同志为核心的党中央把宣传思想文化工作摆在治国理政的重要位置，准确把握世界范围内思想文化相互激荡、我国社会思想观念深刻变化的新趋势，强调坚定文化自信、坚持文化传承发展、促进文明交流互鉴的重要意义，深刻阐明马克思主义基本原理同中国具体实际、同中华优秀传统文化相结合的历史逻辑、理论逻辑和实践逻辑，深刻阐明中华优秀传统文化实现创造性转化、创新性发展的历史必然性和现实必要性，形成了习近平文化思想，在党的宣传思想文化事业发展史上具有里程碑意义。习近平文化思想丰富和发展了马克思主义文化理论，明体达用、体用贯通，明确了建设中华民族现代文明这一新的文化使命，为进一步加强社会主义文化建设，促进文明交流互鉴提供了根本遵循。

第一，习近平文化思想最有力地体现了我们时代的文化主体性，具有深厚的理论渊源和坚实的实践基础，是我们党不断加强文化建设理论成果的创新发展，开拓了马克思主义文化理论的新境界。建设中华民族现代文明，要以习近平文化思想为指导，既要体现中华文化走向现代化的时代印记，也要体现在中国式现代化的实

---

① 《习近平谈治国理政》第 2 卷，北京：外文出版社，2017 年，第 352 页。

践场域中反映文明交流互鉴的多彩图景。坚定历史自信、文化自信，坚持古为今用、推陈出新，就要认识到中华优秀传统文化“志于道”，具有强大的历史穿透力、文化感染力、精神感召力，在同马克思主义基本原理相结合的过程中实现创造性转化、创新性发展，在中国式现代化实践探索中转化为中国特色社会主义制度文明的构成要素，彰显了中国特色社会主义制度的比较优势和巨大优越性。

第二，坚定文化主体性，既要立足于现实的中国，又要植根于历史的中国。正如习近平总书记所指出的：“深厚的家国情怀与深沉的历史意识，为中华民族打下了维护大一统的人心根基，成为中华民族历经千难万险而不断复兴的精神支撑。”① 今天，为社会主义先进文化发展辟新路、开新局，要把握中华优秀传统文化发源处的精神存在，提炼其中具有世界历史意义的精神标识，使之在同马克思主义基本原理相结合的过程中生发内在活力，与当代文化相适应、与现代社会相协调，弘扬其中具有跨越时空、超越国度、富有永恒魅力、具有当代价值的文化精神。着眼于加强社会主义物质文明、政治文明、精神文明、社会文明、生态文明建设，优化符合社会主义市场经济体制的文化发展理路，在实践创造中进行文化创造，提升中国人的文化素质和道德素养，形成文化自主与文化开放并重的文化发展格局，推动中华文化走向世界，“未来之中国，必将以更加开放的姿态拥抱世界、以更有活力的文明成就贡献世界”②。

---

① 《“推动中华文明重焕荣光”》，《人民日报》2023 年 6 月 5 日。

② 习近平：《深化文明交流互鉴 共建亚洲命运共同体》，《人民日报》2019 年 5 月 16 日。

第三，中华文明的包容性与和平性是我们文化主体性的生动映现，彰显了胸怀天下的世界意识，反映了辩证的实践智慧。中国古代先贤认识到“天下为公”的现实价值，这一话语出自《礼记·礼运》关于理想社会的论述：“大道之行也，天下为公”，这时“选贤与能，讲信修睦”，人们公而忘私，“不独亲其亲，不独子其子，使老有所终，壮有所用，幼有所长，矜寡孤独废疾者皆有所养”。这是一种美好的社会理想，与“大道既隐，天下为家”不同，体现了对“大同”理想的追求。百余年来，中华民族在五千多年文明史中形成的“天下为公”的理念与中国共产党全心全意为人民服务的根本宗旨、共产主义远大理想融为一体，彰显了我们的时代精神。习近平总书记强调坚持胸怀天下，从人类发展大潮流、世界变化大格局、中国发展大历史的角度正确认识和处理同外部世界的关系，推动建设更加美好的世界，推动构建人类命运共同体，不断为人类文明进步贡献智慧和力量，深刻体现了马克思主义的世界观和方法论同中华优秀传统文化的天下观的有机结合，为“天下为公”这个成语赋予了新的时代内涵，对更好地促进文明交流互鉴提供了科学指南。

第四，秉持胸怀天下的世界意识，以宽阔的胸怀推动不同文明相互尊重、和谐共处，方能促进不同文明心合意同。这就要摆脱复古守旧的观念束缚，“循天下之公”，以包容精神借鉴吸收人类一切优秀文明成果，推动建设更加美好的世界。“只要秉持包容精神，就不存在什么‘文明冲突’，就可以实现文明和谐。”① 以文明和谐

① 习近平：《论党的宣传思想工作》，北京：中央文献出版社，2020年，第64页。

发展的时代主张推动人类现代化进程，方能摒弃传统与现代二元对立的文明观，方能摆脱资本逻辑的束缚，走出西方中心主义的苑囿，构建一种符合世界各民族需求的文明逻辑，凝聚世界各民族的共同价值。这种关于文明进步的建设性主张超越了西方现代化进程中形成的不同文明对立冲突的陷阱，在人类共同利益、共同需求的基础上确立共同价值，有助于形成推动社会进步的动力、维护世界和平的纽带。

今天，我们要深入解读波澜壮阔的世界文明图谱，深刻认识到我们所处的世界历史已经从经济全球化走向总体全球化，其中最重要的变化就是呈现了文化全球化维度。文化全球化“并不是西方的文化理念、思想和文化价值乃至意识形态的普遍化；而是指在总体全球化过程中，世界各民族文化在广泛交流的过程中，逐渐形成的共同的文化理念、文化观念和文化价值，它将构成人类命运共同体的核心——共同价值之重要部分”①。可以说，文明和谐论重构了文明发展的内在逻辑，基于当今全球发展的实践需要，正是促进世界各地文化在世界历史进程中实现发展之所需。在这个意义上，建设中华民族现代文明和创造人类文明新形态处于同一历史进程。中国式现代化在面向未来的实践探索中呈现了一种普遍性特征，体现为一种普遍适用且具有未来指向的理念、经验和原则，以历史主动精神为破解世界现代化难题，为人类解决共同面临的挑战，提供了富有世界历史意义的中国智慧和中国方案。

---

①　丁立群：《人类命运共同体：唯物史观时代化的典范——当代全球化的建设性逻辑》，《哲学动态》2018 年第 6 期。

新时代新征程，我们要以习近平文化思想为指导，理解“全球文明倡议”的深刻内涵，阐明文明和谐论的内在价值，以新的文化使命努力建设中华民族现代文明。为此，要在实践探索中深刻揭示中国式现代化的文明史意义，从中升华其特殊性转化为普遍性的理据，重建全球发展理念和全球文明进步的合理方案。唯有如此，我们才能具有文明和谐发展的历史自信，才能符合世界历史进程的内在要求，才能优化世界文明交往范式，从而携手走向共同繁荣的新世界。

第十二章　汇聚构建人类命运共同体的文化合力

汇聚社会发展的价值共识，构建人类命运共同体，是顺应历史潮流且体现大国责任担当的创见。习近平总书记在应德国科尔伯基金会邀请发表演讲时指出："我们将从世界和平与发展的大义出发，贡献处理当代国际关系的中国智慧，贡献完善全球治理的中国方案，为人类社会应对21世纪的各种挑战作出自己的贡献。"① 他在庆祝中国共产党成立95周年纪念大会上的重要讲话中再次指出："中国共产党人和中国人民完全有信心为人类对更好社会制度的探索提供中国方案。"②"中国方案"反映了中国社会发展的成就与潜质，为全球化时代的国际交往与合作提供了合理思路，体现了中国

---

① 习近平：《出席第三届核安全峰会并访问欧洲四国和联合国教科文组织总部、欧盟总部时的演讲》，北京：人民出版社，2014年，第36页。

② 《习近平谈治国理政》第2卷，北京：外文出版社，2017年，第37页。

特色社会主义的制度自信与世界历史意义。

一、构建人类命运共同体的中国方案

在世界多极化、经济全球化、文化多样化和社会信息化的当今时代，我们几乎每时每刻都生活在世界历史中，在世界历史中产生的全球性问题是纷繁复杂的经济模式、政治观念和文化要素共同作用的结果。因此，应将构建中华民族共同体和人类命运共同体作为社会发展的内在价值，求同存异，审时度势，休戚与共，同舟共济，面向未来，开创有利于中华复兴和世界发展的和谐共赢的好的可能性，使社会各阶层在共享中国经济社会发展成果的同时提升幸福感，并以世界视野和共赢思维为改善全球治理模式提供有益思路和中国方案。

从人类命运共同体的发展理念角度看，当今全球问题与生态危机使世界各国休戚相关，因文明的冲突而产生的价值分歧令人深深忧虑，人们日益意识到全球化时代的人类利益相互依存，形成人类发展的全球共识意义重大。构建人类命运共同体，彰显了开放、共享的发展理念，是破解世界发展难题的创见。为此，联合国社会发展委员会第55届会议将“构建人类命运共同体”写入决议，会议主席菲利普·查沃斯先生认为，“‘构建人类命运共同体’理念体现了中国人着眼于维护人类长远利益的远见卓识”，“这一理念对联合国推动世界各国实现可持续发展目标至关重要”[1]。“和羹之美，在于合异”，以和而不同的方式汇聚全球共识，在合作共赢中化解冲突，无疑有助于实现世界各国的共同梦想。

从人类命运共同体的价值基础角度看，实现全球治理需要建构体现有力的价值约束和道德规范的有效机制，从美美与共的理想和现实的共同利益出发，构建政治多极、经济均衡、文化多样、安全互信、环境可续的国际治理新格局。全球化时代的“地球村”让各国共处于一个世界，为了实现同一个世界的同一个梦想，各国应兼容并蓄、同舟共济，建立平等协商的伙伴关系，谋求和谐有序发展的未来。为此，应冲破冷战思维、零和思维的束缚，走出仅仅依靠实力决断的丛林法则，消除和弥合各种差异和分歧，遵循为各国所普遍适用的价值理念，实现共同利益，保障共同安全，达成价值共识，在维护世界公平正义的过程中呵护人类的事业，以体现时代精神的全球治理理念和实践实现人类社会的美好愿景。

从人类命运共同体的实践路径角度看，“一带一路”倡议以共商、共建、共享的方式呈现了沿线各国众行致远的发展蓝图，是包容合作、文明互鉴、资源共享的有效途径。“让政策沟通、设施联通、贸易畅通、资金融通、民心相通成为共同努力的目标。要坚持在开放中合作，在合作中共赢，……对话化解分歧，协商解决争端，共同维护地区安全稳定”[2]，有助于应对“一带一路”沿线各国

---

① 《“‘构建人类命运共同体’理念体现中国维护人类长远利益远见卓识”——访联合国社会发展委员会第55届会议主席菲利普·查沃斯》，新华网，2017年2月19日。

② 《“一带一路”国际合作高峰论坛重要文辑》，北京：人民出版社，2017年，第21页。

面临的共同挑战，为世界政治、经济和文化发展注入正能量。作为一个放眼世界的发展构想，由中国倡导、惠及世界的“一带一路”旨在推动沿线国家互联互通，把握当今世界发展机遇，促进沿线各国相互依赖、共同受益，实现和平、繁荣、开放、创新和文明的发展图景，体现了当代中国在全球治理中的大国责任担当。

以世界视野和共赢思维探寻全球治理模式，在公共利益和价值共识中求同存异，构建人类命运共同体，既有利于中国社会稳步发展，也有助于国际社会和谐安定。为此，习近平总书记多次强调牢固树立人类命运共同体意识，倡导在和平发展中与世界各国命运休戚与共，构建以合作共赢为核心的新型国际关系，弘扬共商共建共享的全球治理理念，这些得到国际社会普遍赞誉的观念体现了马克思主义哲学中国化的时代品格。

树立人类命运共同体意识，体现了马克思共同体思想的时代精神，也体现了中国传统文化的天下观念。在深入理解马克思所提出的理想共同体的过程中，我们应当意识到社会存在对社会意识的决定作用，充分认识当今时代世界历史的走向和全人类的共同价值。合理解决全球性问题，必须摆脱资本拜物教和两极对立思维模式的束缚，在基于劳动实践的平等交往中谋求各国的公共利益和共同发展，通过包容互惠和文明对话，进一步超越虚假的共同体。同时我们应当意识到，社会发展必须尊重历史规律，完善社会生产方式和交往方式，既要有与时俱进的世界历史远见，也要有实际解决现实难题的有效思路。在当今时代条件下构建人类命运共同体，必须以一种与时俱进的世界观念和人类意识与各国携手并进，在处理重大全球性问题的过程中与各国共同谋划未来。

中国传统文化的天下观念为树立人类命运共同体意识提供了有益的思想资源，古代先贤强调“以天下为天下”的世界视野和“以天下为己任”的担当意识，逐渐形成了“协和万邦”“亲仁善邻”“贵和尚中”“和衷共济”“和而不同”“兼济天下”等价值理念，具有深远的启示意义。勤劳勇敢的中华民族素来期盼天下太平，主张以和为贵，谋求在社会稳定发展过程中实现个人幸福。迈向人类命运共同体，应以中华传统处世之道的时代精神推动全球治理理念创新。“己所不欲，勿施于人”，事实证明，固守偏见与零和思维只能错失发展机遇，而彼此尊重与共同繁荣有利于各国的国家利益，有助于促进世界和平与稳定发展。

树立人类命运共同体意识，需要深入理解和进一步发展中国化马克思主义矛盾论，以辩证的思维方式把握世界历史进程中复杂的矛盾关系。构建以合作共赢为核心的新型国际关系，需要具有时代质感的矛盾观念，它在变幻万千的世界历史中无处不在。我们应当意识到，旧的矛盾得到克服之后，新的矛盾还会产生。在文化多样性的格局中理解人类共同的命运，必须求同存异，找到与矛盾共处的合理方式。正确处理全球化时代的诸多矛盾，必须审时度势，以迈向人类文明的态度加强协商与对话。因为在世界历史进程中，国际社会彼此依存的程度愈益加强，真正是“环球同此凉热”，只有秉持休戚与共的智慧，我们才能实际地解决资源匮乏、环境污染、网络安全等全球性问题。

树立人类命运共同体意识，归根结底要确立一种具有世界历史视野的发展理念，当发展中国家的崛起成为不可阻挡的历史潮流，必须将符合时代精神的真实的共同体当作社会发展的内在价值，通过在真实的共同体中分享社会发展成果而实现人们物质生活和精神生活的实际需要。如今，中国特色社会主义的发展为人类命运共同体提供了实践场域，而创新发展、协调发展、绿色发展、开放发展和共享发展的新理念开启了新的发展空间。可以预期，和平崛起的中国将推动人类命运共同体持续发展，以开放的精神建构互惠互利的合作模式，使各国人民真实地感受到免于匮乏、获得发展并享有尊严的愿景。

二、构建人类命运共同体的文化资源

回顾中华民族五千年文明史可见，维护和发展统一的多民族国家是中国历史发展的主流，因为各民族在政治、经济、文化各领域相互依存，“合则强，孤则弱”，团结奋斗、共同发展有利于实现各民族的共同利益。而当今世界各国相互依存的程度日益增强，生活在同一个地球村中的各国“你中有我、我中有你”，因此需要构建人类命运共同体，并将其作为社会发展的内在价值。在马克思主义与中华优秀传统文化相融合的过程中形成的中国化马克思主义为构建人类命运共同体提供了文化资源。

中华民族共同体是在历史中形成和发展的。自古以来，中华民族就崇尚国家统一，华夏儿女以爱国的民族英雄为精神楷模，各民族爱国同心、团结统一、爱好和平、勤劳勇敢、自强不息。中华民族在长期统一中积累了处理民族关系和民族问题的经验，逐渐形成了坚持民族平等、民族团结、各民族共同繁荣的原则，具有强大的民族凝聚力。长期的民族互助和民族融合促进了中华民族的物质繁荣和文化发展，也形成了华夏儿女心心相印的精神纽带。因为“我的祖先早已把我的一切烙上中国印”，“就算身在他乡也改变不了我的中国心”，无论一个游子走了多久走了多远，听到“长江、长城、黄山、黄河”，就会感到心潮澎湃，就会唤醒扎根于内心的民族情结。全世界华人以及与中华文化有不解之缘的人们都会对中华民族共同体产生深深的依赖。

尽管历史上中国各民族也曾经有过矛盾和冲突，但在近代中国救亡图存的过程中，各民族为了共同的目标，联合起来用血肉筑起新的长城，其中刘伯承和小叶丹在彝海结盟就是一个民族团结的佳话。新中国成立后，中华民族共同体的物质基础不断得到巩固，各民族“大杂居、小聚居”，彼此尊重，相互团结，在不断增进交往的过程中加强合作，“己所不欲，勿施于人”，尊重各民族风俗习惯，不断发展各民族的文化教育事业，促进了中国化马克思主义民族政策的丰富和发展。

改革开放以来，少数民族地区的生产生活水平逐渐提高，保护各民族的语言文字、精湛技艺与非物质文化遗产，充分释放少数民族地区的发展潜力，加强对口支援和帮扶，发掘少数民族地区的优势和特色，改善少数民族群众的卫生、住房、教育条件，使各族人民共享改革发展的成果，实际地促进了民族团结和民族融合。“神奇的天路”修到青藏高原，“一条条巨龙翻山越岭，为雪域高原送来安康”。新疆的“戈壁沙滩变良田，积雪融化灌农庄”，“麦穗金黄稻花香”。维护祖国统一和社会稳定，反对民族分裂，促进少数民族地区经济社会发展，进一步加强民族团结和民族融合，已经成为处理民族问题的社会共识。

可以说，中华优秀传统文化是中华民族共同体的精神纽带，而马克思主义为中华民族共同体的建设提供了现代观念和科学理性思维。中国化马克思主义关于社会和谐发展的深刻阐释开启了理论新境界，深化了对社会主义本质的认识。当和平与发展成为时代主题，世界格局呈现多极化趋势，摒弃冷战思维和强权政治逐渐成为社会共识，体现中国文化风格的马克思主义和谐观念获得普遍关注。在实现社会主义现代化的进程中，我们党团结带领人民，以中国化马克思主义把握世界发展大势，强调和谐世界理念，体现了马克思主义共同体理论的时代精神。深入理解中国化马克思主义，不仅有助于理解中华民族共同体的历史样态与发展趋势，也有助于理解世界历史进程中复杂的矛盾关系，倡导在和平发展的氛围中与世界各国命运与共，构建以合作共赢为核心的新型国际关系，弘扬共商共建共享的全球治理理念。

为此应树立人类命运共同体意识，人类命运共同体既反映了马克思主义共同体理论的时代精神，也体现了中华优秀传统文化的天下观念。中华优秀传统文化的天下观念为树立人类命运共同体意识提供了有益的思想资源，古代先贤强调“以天下为天下”的世界视野和“以天下为己任”的担当意识，尽管那时的“天下”仅限华夏域内，指的并非今日所说的全球，但古代各民族的交融与发展体现了人们对共同利益的追求，从天下出发考量各诸侯国的思维方式，体现了中国传统政治治理理念。孟子说：“达则兼济天下，穷则独善其身。”“兼济天下”的君子对世界大势的关注反映了天下政治的重要性，“见利思义”“计利当计天下利”的视野展现了“海纳百川，有容乃大”的开阔境界。千百年来，中华文化在走向世界的进程中，展现了包容会通的情怀与综合创新的自觉。这种和谐观念是中国与世界交往的文化主调，将“兼相爱，交相利”视为“天下之治道”，在“同一个世界”因“同一个梦想”展开“我和你”的对话，倡导世界各国和谐共处、协作互信、发展共赢、互补融合，展现了中华文化精神的博大格局，体现了构建和谐世界的中国智慧。

社会发展必须尊重历史规律，完善社会生产方式和交往方式，既要有与时俱进的世界历史远见，也要有实际地解决现实难题的有效思路。今天，构建人类命运共同体，必须以一种与时俱进的世界观念和人类意识与各国携手并进，通过包容互惠和文明对话，在处理重大全球性问题的过程中与各国携手合作，体现全球治理的联动效应。为此，必须超越“修昔底德陷阱”之类思维束缚。大家知道，“修昔底德陷阱”是美国政治学家格雷厄姆·艾利森借用古希腊历史学家修昔底德关于伯罗奔尼撒战争的论述而表达的关于新崛起的大国与守成大国必将因国家利益产生强烈冲突乃至战争的著名比喻，这个比喻关涉的重大全球性问题是：“古典世界的历史悲剧是否仍然会在当代重演?”“修昔底德陷阱”虽典出希腊，但指向现代国际问题，实则是对当今大国关系走向做出的一种强制阐释。我们可以从修昔底德论述伯罗奔尼撒战争的原始语境中看到，这种阐释实则充满主观意向的过度解读。通过简要分析历史上大国关系的演变和当代中美关系的发展走向可见，这种引人担忧的“陷阱”描述的是一种历史现象，而非不以人的意志为转移的历史规律。

从修昔底德关于雅典和斯巴达战争的论述角度看，这个在伯罗奔尼撒战争中带来历史启示的经典史实并不专指新崛起的大国与守成大国之间的战争。古希腊城邦之间的战争颇为常见，发生在公元前5世纪的这场战争之所以为后世所瞩目，是因为其在以斯巴达为首的伯罗奔尼撒同盟和以雅典为首的提洛同盟之间展开。意欲控制希腊的雅典动用强大的兵力，斯巴达人与之抗衡，战争的起因主要是希腊各城邦的内部分化和地缘政治。总体而言，希腊平民喜欢雅典，而城邦贵族欣赏斯巴达，战争以斯巴达的胜利而告终，民主时代随之终结，希腊由盛转衰。确实，“使得战争无可避免的原因是雅典日益壮大的力量，还有这种力量在斯巴达造成的恐惧”①，但这场历时27年的战争反映的并非主要是新崛起的大国与守成大国的矛盾，而是当时复杂的历史条件和社会关系。这里并不必然存在一种不可绕过的“陷阱”，历史上很多战争与新崛起的大国和守成大国无关，战争往往源于殖民的目的或民族宗教问题，历史上很多国家的崛起也并非一定要通过战争，“修昔底德陷阱”不是在国际舞台上被反复证明的真理。

---

① ［古希腊］修昔底德：《伯罗奔尼撒战争史》，谢德风译，北京：商务印书馆，1978年，第23页。

可以说，中国崛起具有不同于西方近代文明的新发展理念，其中包含对全球问题的深刻认识。当今全球问题与生态危机使世界各国休戚相关，因文明的冲突而产生的价值分歧令人深深忧虑，人们日益意识到全球化时代的人类利益相互依存，切实摆脱全球危机，形成人类发展的全球共识意义重大。构建人类命运共同体，彰显了开放、共享的发展理念，是破解世界发展难题的中国主张。“和羹之美，在于合异”，以和而不同的方式汇聚全球共识，在合作共赢中化解冲突，有助于实现世界各国的共同梦想。实现全球治理，需要建构体现有力价值约束和道德规范的有效机制，从“美美与共”的理想和现实的共同利益出发，构建政治多极、经济均衡、文化多样、安全互信、环境可续的和谐世界。今天，各国共处于一个世界，为了实现“同一个世界”的“同一个梦想”，应兼容并蓄、同舟共济，建立平等协商的伙伴关系，谋求和谐有序发展的未来。为此，应冲破冷战思维、零和思维的束缚，走出仅靠实力决断的丛林法则，消除、弥合各种差异和分歧，遵循为各国所普遍适用的价值理念，实现共同利益，保障共同安全，达成价值共识，在维护世界公平正义的过程中呵护人类的事业，以体现时代精神的全球治理理念和实践实现人类社会的美好愿景。

达此宏愿，需要加强“一带一路”建设。“一带一路”以共商、共建、共享的方式呈现了沿线各国众行致远的发展蓝图，是包容合作、文明互鉴、资源共享的有效途径。作为一个放眼世界的发展构想，由中国倡导、惠及世界的“一带一路”旨在推动沿线国家互联互通，把握世界发展机遇，促进沿线各国相互依赖、共同受益，实现和平、繁荣、开放、创新和文明的发展图景，体现了和平崛起的中国在全球治理中的责任担当。“一带一路”是中国人探索的商业合作之路，也是沿线各国人民思想交流与文化对话之路。正是在丰富多彩的商业往来中，丝绸之路沿线各国实现了广泛的贸易往来，实现了民族和谐稳定，也实现了哲学与文化的深入交流与多样性发展。重现以往丝绸之路的繁荣，促进东西方文明对话，实现当代人类的文明梦想，实现文化认同和价值认同，需要实现新时期的文化复兴。毋庸置疑，在全球化时代，促进亚欧经济社会持续发展，开启新时期的文艺复兴，实现经济合作、政治对话和文化交融，是有益于东西方社会且富有战略意义的文化选择。在丝绸之路经济带和21世纪海上丝绸之路上再创古老丝绸之路的历史辉煌，与沿线各国共享文明发展的成果，参与塑造全球化时代沿线各国命运共同体，体现了当代中国人的世界历史视野。

因此，从和平与发展的时代主题出发，看待中国与世界的未来，应在审慎考量历史和现实的基础上倡导有益于中国与世界的具有共识性和现实性的理想方案。从马克思主义中国化对中华优秀传统文化的创造性转化与创新性发展的角度思考当今时代的全球治理问题，可以看到以合作共赢的新理念超越零和博弈的旧思维的发展理路逐渐清晰，而构建人类命运共同体正是汇聚各国发展共识的中国方案。从构建人类命运共同体的发展理念、价值基础和实践路径来看，旨在解决全球问题、倡导世界各国共同合作发展的中国方案顺应历史潮流，符合社会发展的历史规律，是体现马克思共同体思想的时代精神和中国传统和谐共生理念的时代创见。这种时代创见将在“一带一路”建设中逐渐现实化，切实促进世界各国合作共赢，在多样性发展中实现利益共享，进而呈现世界历史意义。

三、人类命运共同体思想的文化价值

马克思共同体思想在当代世界中体现了相互依存、彼此共存的内在共有价值。在经济全球化和信息化时代，人们在具有世界历史性的信息共享中深切感受到生产要素和消费要素的自由流动与配置，体会到文化的多样性及其对话与融通，同时也遭遇了复杂的现代全球性问题。人们越来越清晰地意识到彼此的共同利益、共享发展的必要性和可能性以及从中形成的共同价值观，并由此思考如何更好地在协商中实现共识，对公共政策充分表达合理的意见，实现合作共赢，在共同生活中尽可能反映每个人的愿望和需要。

首先，人类命运共同体思想强调共同体成员在公共生活中享有共同利益，秉持公共利益为人们平等共享的原则。正如马克思所说：“人们奋斗所争取的一切，都同他们的利益有关。”① 人们在现代社会中越来越意识到私人利益不能独立于社会而单独实现，任何人都要承担必要的社会责任，在为社会工作的过程中实现自我。当然，个人在诉求利益的过程中总要产生一些冲突，冲突不可避免，但竞争必须正当，为此应有健康的竞争心态，并在公共生活中深思

① 《马克思恩格斯全集》第1卷，北京：人民出版社，1956年，第82页。

什么是共同体中的“我们”，以及什么是“我和你”的关系。“我们”并非主体与其支配的“他者”的联合，而是平等合作与公正分配的主语。人们不仅要将公共生活的伙伴视为与自己同等的主体，还要找到自己在公共生活中的位置，激活交往实践的能力。为此应基于理性达成共识，“和而不同”地对待共同体的成员在素质、能力与文化心态上的差别，谋求社会交往的“和合共生”。

改革开放以来，随着社会利益格局和分配方式的变化，人们的思维方式和价值观念也发生深刻变化。日常生活中的公共性问题和公共性危机比以往更为棘手，这些棘手的社会问题往往与个人生活息息相关，人们也越来越深刻地意识到自己应承担的责任和义务，因为在我们所处的社会共同体中，有我们的共同利益、共同价值和共同期待。为此，要把“我的事”融入“我们的事业”之中，个人对社会发展所做的努力要“以我们正在做的事情为中心”，并以主体性的方式确认自身在公共生活中的在场。因为个人利益与社会利益在共同体中是一致的，任何独特的个性存在都与其所处的公共生活须臾难分。公共领域并非侵占个人权利的社会机构，而是实现个人权利的重要途径。应当承认人与人作为交互主体和共同主体的平等地位，在公共生活中知晓个体行为的限度，在对公共事件表明态度的过程中体现社会主体应有的责任感。恰当地处理好公共生活和个体生活之间的关系，把个人的自我实现和服务社会纳入同一时空。在充分合作共享中实现自我，使合作共享共同体得到丰富和发展。

其次，人类命运共同体思想强调共享发展观，由此形成的公共生活世界呈现了个人自我实现和奉献社会的辩证法。在确认私人领域和公共领域的同时，人们越来越清晰地意识到"利己"和"利他"的互动关系。社会主义市场经济不仅为人们的发展提供了一种合作的契机，而且使人们形成一种合理的自我理解的方式，共同体成员作为共同主体存在的身份是一种社会规定，共同体的有机构成从深层证明了人与人之间是相互构成的，如同社会有机体各要素之间相互构成一样。作为具有平等性、法制性、竞争性和开放性的经济形式，社会主义市场经济实现了社会资源的优化配置，发挥了社会主义制度的优越性。人们意识到必须形成丰富的社会关系和具有普遍性的能力，在个人自我实现的过程中，应当构建我们合作共享的理想共同体，因为彼此依存与合作，是人们生活在共同体中的实际需要。

共享发展是社会主义的本质要求，共享发展观旨在实现社会主义的全民共享，保障全体人民在政治、经济、文化、社会、生态等领域的平等权利，为每个共同体成员提供实现自我的生活舞台，让人们"共同享有人生出彩的机会，共同享有梦想成真的机会，共同享有同祖国和时代一起成长与进步的机会"①。为此应形成合作互助的工作氛围，因为共同体的创造性是由个体的创造性积聚而成的，这种积聚是相互养成、相互提升的文化交融过程。个人只有在共同体中既有益于大局又不拘一格，才能在促进社会发展过程中实现自我生成，才能在公共活动领域中因对话与交往获益，才能在自

① 《习近平谈治国理政》第1卷，北京：外文出版社，2014年，第40页。

我发展的同时对共同体产生精神依赖，继而使个人发展成为他人发展的条件。由此将个体力量汇聚为共同力量，在渐进发展过程中更好地满足人民日益增长的美好生活需要，实现新时代共享发展的理想图景。

再次，人类命运共同体思想强调人们在公共生活中实现共同价值，倡导共同体成员内部以及共同体与开放的世界的对话与合作。在当今时代，合作共享是人类生存与发展的历史性选择，人们对对话与合作的选择体现了睿智、成熟与责任感。为此，不能再为极端的思维方式和缺乏代价思维的发展观所左右，而应将社会共同体看作个人价值理想的实现场所，同时保证私人生活空间的完整。人们在公共生活中不仅要理解社会发展的总体性，还要致力于消解个体与共同体的对立，使个体的自我本性在公共生活中得到他人的自我意识的映照，在交往与对话中获得提升自身的契机。人们在追求个性实现的同时，遇到的最大问题就是如何避免与他人的个性之间的冲突，为此必须顾及他者个性实现的条件，使共同体的成员在努力与合作中成就彼此，确立安身立命的精神家园。

汇聚当今人类共同价值，可以解决经济全球化时代的公共危机，促进世界各国合作与发展。正如习近平主席在纽约联合国总部出席第七十届联合国大会一般性辩论时所指出的："和平、发展、公平、正义、民主、自由，是全人类的共同价值，也是联合国的崇高目标。目标远未完成，我们仍须努力。当今世界，各国相互依存、休戚与共。我们要继承和弘扬联合国宪章的宗旨和原则，构建以合作共赢为核心的新型国际关系，打造人类命运共同体。”① 为此，我们需要在价值多样性的互动中凝练当今人类价值观念的最大公约数，理解人类命运与共的现实境遇，以互鉴、合作和共享的方式实现价值共识，呼吁“各国人民同心协力，构建人类命运共同体，建设持久和平、普遍安全、共同繁荣、开放包容、清洁美丽的世界”②，实现人类社会和谐永续发展。

最后，人类命运共同体思想在马克思主义中国化过程中以中国风格“现实化”，它使走向现代化的中国人越来越深刻地认识到个人对共同体的需要以及个人在共同体中生活的理想形态，彰显了社会主义价值取向，明确了“利己”与“利他”的辩证法。这种公共生活世界强调平等和共享的原则，力图扬弃古代亲缘共同体和现代契约共同体的弊端，形成符合马克思共同体思想和中国文化习惯的社会氛围。人们意识到每个人在各自岗位取得突出成就，创造和把握历史和时代赋予我们的机遇，在各行各业的深度合作与共享中就能感受到强大的祖国。今天，实现“国家富强、民族振兴、个人幸福”的中国梦是每个中国人的梦想。“有梦想，有机会，有奋斗，一切美好的东西都能够创造出来。”③ 可以说，马克思共同体思想中国化的公共生活世界凝聚着人们对美好生活的期待，努力实现学

---

① 习近平：《携手构建合作共赢新伙伴 同心打造人类命运共同体》，《人民日报》2015年9月29日。

② 习近平：《决胜全面建成小康社会 夺取新时代中国特色社会主义伟大胜利——在中国共产党第十九次全国代表大会上的报告》，北京：人民出版社，2017年，第58-59页。

③ 《习近平谈治国理政》第1卷，北京：外文出版社，2018年，第40页。

有所教、劳有所得、病有所医、老有所养、住有所居，为社会各阶层提供了自我发展和自我实现的舞台。

习近平主席在亚洲文明对话大会开幕式上的主旨演讲中指出："文明因多样而交流，因交流而互鉴，因互鉴而发展。我们要加强世界上不同国家、不同民族、不同文化的交流互鉴，夯实共建亚洲命运共同体、人类命运共同体的人文基础。"① 这就要求我们，弘扬中华文化"和而不同"的精神，促进多样性文化交流互鉴，倡导平等与共享的全球治理理念，汇聚构建人类命运共同体的文化合力，为人类开启更美好的文化前景。

在人类历史长河中，不同民族、不同地域的文化汇聚成波澜壮阔的历史画卷，在相互映现、碰撞与融通的过程中塑造了璀璨夺目的文化图谱。四大文明古国发展出美索不达米亚、古埃及、古印度和中国四种文明形态，历史上各具特色的文明因人们的交往和合作而共同塑造、彼此构成。发源于不同民族和不同地域的文化，都以不同形式体现着丰富多彩的人类文化图景。人类文明交往需要相互尊重、平等对话、借鉴融通，以和而不同、兼容并蓄的态度互学互鉴，在丰富人类精神生活的过程中促进时代进步。

理解文化的多样性存在方式并促进多样性文化交流互鉴，应具有世界历史眼界，更好地把握人类文化交往的未来趋势。不同文化在创造世界历史的过程中都是主体性存在，不同文化主体休戚与共，人类的未来命运处于相互构成的境遇中。所以，必须深刻认识

---

① 习近平：《深化文明交流互鉴 共建亚洲命运共同体——在亚洲文明对话大会开幕式上的主旨演讲》，北京：人民出版社，2019 年，第 5 页。

到，只有包容互惠、开放创新，顺应和平、发展、合作、共赢的时代潮流，才能在不同文化交流与对话中增进共识，进而创造新文化、塑造新文明。

在多样性文化交流互鉴图景中，任何文化都不可能完全拒斥其他文化而独立存在，文明冲突与观念碰撞使人们越来越深刻地理解文化异化的代价，形成文化借鉴与融合的自觉。所以，应维护各民族文化的多样性，认识到各种文明存在的价值，使各有千秋的文化相互借鉴而不是相互对立。要摒弃唯我独尊、自我封闭的文化心理，摒弃试图同化和取代其他文化的意识，不要陷入独学无友、孤陋寡闻的文化境地。只有尊重和理解不同民族、不同地域的文明观念，才能把握世界各地"以文化人"的历史进程，才能把握世界各地"文以载道"的历史经验，才能理解世界文明的共同性及其百花齐放的绚烂景观，从而形成促进今日世界文明发展的基本观念。

多样性文化的发展体现了共同体的变迁，历史上各种共同体存在形式的变迁都体现为一种文化变迁。伴随着自然共同体、奴隶制共同体、封建共同体、货币共同体出现的都是反映这种共同体的实际样态并与之相适应的文化形式。在这个意义上，马克思在批判共同体的古典形式和现代形式的过程中提出的"真正的共同体"和"自由人的联合体"体现了高远的文化境界。实现共同体由低级向高级的发展，应着眼于人类未来的命运，实现文化融合与再生，形成文化合力，同心打造人类命运共同体。

形成共同体的文化合力，并非放弃任何文化主体的存在形式，而是要激活文化的主体间性。既坚持文化独立的自主性，把握每种文化独特的历史、形式和潜能，将文化视为生命有机体；又要将文化传播与文化交往视为文化发展常态，将文化对话与融合视为文化发展的基本形式，更好地促进文化交流互鉴。应当看到，不同文化的交往体现了不同民族和地域的实践经验与思想观念的交流，这种交往不仅有助于增进了解，而且有助于拓展自身的文化视野。特别是在当今世界的地球村中，“你中有我，我中有你”，历史和现实交汇，东方和西方对话，就要在观念创新中形成文化合力。

强调共同体的文化合力，是因为当今复杂的全球问题并非任何单一的文化所能够解决的，而科学昌明时代的很多新问题一出现就带有面向人类的共同特征。汇聚多样性文化的合力，必须消解单向度文化逻辑。应当看到，“文化霸权”或“文化殖民”是一种陈旧的文化发展与传播形式，是强势文化试图取代弱势文化，或将自身的文化价值观强加给对方的方式。在交流互鉴中形成共同体的文化合力，首先要有构建新型共同体的文化自觉，要有关怀人类共同命运的世界意识。正是在文化交流互鉴中，人们合理理解文化差异，认识到文化冲突的深层次原因。“越是民族的，才越是世界的”，民族的文化之所以能成为世界的文化，不仅因为它有独特的魅力而无可取代，而且因为它能在与其他文化交流互鉴中成为增进各国人民友谊的桥梁。历史证明，越是兼容并蓄、海纳百川的文化，就越是具有绵延不绝、生生不息的发展动力，就越会成为文化发展的典范。

今天，我们遇到的全球性问题越来越复杂，人类文化交流与冲突日益多样化。我们必须形成适应新时代发展要求的新文化观念，在人类文明的制高点上理解本民族、本地域文化的内在价值，合理把握各种文明的差异及其对话与合作的机制。“一花独放不是春，百花齐放春满园。”只有在增强文化自信的前提下，承认和尊重世界上各种思想文化的精华，在彼此理解和借鉴的基础上形成文化合力，才能真正解决当今时代共同的文化问题，在塑造人类未来命运的期冀中铸就共同体的文化根基。

结　语

新时代新征程，我们要深刻理解习近平文化思想的核心要义，坚定文化自信，秉持开放包容，坚持守正创新，以生生不息、欣欣向荣的文化力量促进中华民族伟大复兴。

一、深入了解中华文明史的总体进程

人类文明史是一部多元文明共生并进的历史。作为世界上唯一未曾中断过的古老文明，中华文明与古为新，在五千多年演进历程中丰富和发展，实现多民族的文化融合，吸收人类文明的一切优秀成果，形成多元一体的文明发展格局。习近平总书记在文化传承发展座谈会上指出："中国文化源远流长，中华文明博大精深。只有全面深入了解中华文明的历史，才能更有效地推动中华优秀传统文化创造性转化、创新性发展，更有力地推进中国特色社会主义文化建设，建设中华民族现代文明。”① 中华文明是静水深流与波澜壮阔交织的文明，是革故鼎新、辉光日新的文明，我们要珍视中华五千多年文明宝库中的瑰宝并把握其突出特性，把握中华优秀传统文化蕴含的思想观念、人文精神、道德规范，用大历史观观察中华民族的发展历程，阐明中华文明自我发展、回应挑战、开创新局的文化主体性和旺盛生命力，揭示中华优秀传统文化的精神品格和价值追求，夯实文化自信的历史根基。

中华文明的演进有其规律和民族特点，体现了中华民族发展的历史逻辑和理论逻辑。我国百万年的人类史、一万年的文化史、五千多年的文明史在中华文明探源工程等重大项目研究中得到证实。全面深入了解中华文明的历史，要读懂中国思想文化长河中的每一条独特的溪流，读懂中华文明典籍中每一页光辉的历史，要把握中华文明从“过去之我”“现在之我”走向“未来之我”的历史逻辑，理解其丰富的思想内涵与支撑其文化生命的柱石。既要走向历史的深处，也要从历史深处走来，着眼于中华文明的未来走向，眺望人类文明的制高点。我们要以文化古今相通和文明交流互鉴的理路建设中华民族现代文明，创造人类文明新形态，探究符合时代发展需要的文化创新机制，安顿我们的精神家园。

中华优秀传统文化是中华文明的智慧结晶和精华所在，习近平

① 习近平：《在文化传承发展座谈会上的讲话》，《求是》2023 年第 17 期。

总书记将中华优秀传统文化的重要元素精练概括为："天下为公、天下大同的社会理想，民为邦本、为政以德的治理思想，九州共贯、多元一体的大一统传统，修齐治平、兴亡有责的家国情怀，厚德载物、明德弘道的精神追求，富民厚生、义利兼顾的经济伦理，天人合一、万物并育的生态理念，实事求是、知行合一的哲学思想，执两用中、守中致和的思维方法，讲信修睦、亲仁善邻的交往之道。"[①] 中华优秀传统文化是中华民族传承发展的根本，是在历史中形成并在现实生活中发挥作用于经济和政治的思维方式、价值观念、道德原则和生活方式。今天，我们要深刻理解中华民族的文化自我，融通中外，贯通古今，使中华文明在现代中国经济社会发展进程中焕发时代风采，为我们时代的文化创新和文明创造提供丰厚的思想滋养。

文化是民族生存和发展的重要力量，一种文化的生命力在于对传统的传承和发展，文明进步体现为新旧更替的实践创造。中华文明具有连续性、创新性、统一性、包容性、和平性，将颇具差异的广土巨族整合为多元一体的中华民族，因此，中华民族有坚定文化自信的充分理由和充足底气，有以厚重的文化传统、坚实的文化发展基础矗立在世界文明之林的信心。古往今来有识之士埋头苦干、拼命硬干、为民请命和舍身求法的文化实践，映现着中华优秀传统文化的思想光芒，为中华民族持续发展提供了悠远绵长的精神力量。只有以文化自信不断提升民族精神，实现文化繁荣兴盛，苦难

---

① 习近平：《在文化传承发展座谈会上的讲话》，《求是》2023 年第 17 期。

辉煌的中华民族才能在历史洪流中屹立不倒，进而在历史前进的逻辑中稳步前进。

今天，我们要以文化主体性创造未来，使中华优秀传统文化在中国式现代化进程中再度青春化，并以世界历史的新精神创造人类文明新形态。将中华文明悠久的历史文化传承与现代经济发展的活力结合起来，把握中国特色社会主义文化内涵，深刻理解中国式现代化的文化逻辑，深入思考如何更好满足人民群众日益增长的美好生活的文化需要，激活中华民族的文化创造力，推动社会主义文化繁荣兴盛。

二、掌握坚持“两个结合”的科学方法

马克思主义深刻揭示了人类历史发展规律，提供了认识世界、改造世界的科学世界观和方法论，是我们立党立国的根本指导思想。中华优秀传统文化根植于中国人的内心世界，积淀着中华民族最深沉的精神追求，在中华文明五千多年历程中如波澜壮阔的长河，流淌过华夏儿女繁衍生息的这片古老而现代的土地，是中华民族生生不息、发展壮大的丰厚滋养。马克思主义既同中国革命、建设、改革和新时代伟大变革的实践相结合，又在体现中国风格和中国气派的过程中实际促进了中华优秀传统文化的现代转化。

坚持“两个结合”的科学方法，要深入研究其内在机理和实践逻辑，使之学理化、体系化并贯通于人民群众创造美好生活的文化

实践中，持续巩固我们的文化主体性。今天，我们要以历史主动精神融入创造世界历史的新征程，遵循明体达用、体用贯通的思想方法，促进理论与实践相结合，在中国式现代化的实践创造中知行合一、体用一如，使新的文化生命体具有强大的价值引领力、文化凝聚力和精神推动力。

坚持“两个结合”的科学方法，要深刻认识到马克思主义同中华优秀传统文化在实践场域产生“化学反应”，体现为两种来源不同的观念体系的“双向奔赴”，形成了特定历史民族的文化形式，并深层次实现了双向格义。作为推进理论创新的科学方法，“两个结合”为我们认识世界和改造世界提供了强大的思想武器，形成了具有引领力、凝聚力、塑造力、辐射力的社会主义先进文化，使九州共贯、万物并育、富民厚生转换为中华民族共同体意识、人与自然和谐共生理念、共同富裕的价值原则，开辟了马克思主义中国化时代化新境界。

坚持“两个结合”的科学方法，要以辩证思维理解马克思主义同中华优秀传统文化在实践的思维方式、对人的社会性规定、强调辩证法的相反相成、对未来理想社会的冀望等方面颇多契合之处。马克思主义与中华优秀传统文化彼此契合是实现结合的前提，在结合中丰盈了马克思主义的中华民族形式，使之彰显中国风格和中国气派；在结合中推动了中华文明的生命更新和现代转型，实现了中华文化从传统到现代的跨越，筑牢了中国式现代化道路的文化根基。无论源于时间还是空间的成因，马克思主义与中华优秀传统文化的很多观念及其内涵都发生了一定的变化，从而以从事中国实际工作的丰富经验和对中国历史文化的深刻认识提出符合实际的新原理和新结论，将社会主义纳入中华文明发展的总体进程，或曰以民族的形式承载社会主义的内容，形成了新的文明有机体。

坚持“两个结合”的科学方法，要以系统观念和创新意识掌握思想和文化主动，以新思路、新话语、新机制和新形式创造我们时代的新文化。“第二个结合”是又一次的思想解放，拓展了中国特色社会主义道路的文化根基。中国式现代化是坚持“两个结合”的实践场域，赓续中华古老文明而实现文明转型，彰显了面向未来的理论和制度创新。在中国式现代化进程中，我们要以唯物辩证法关于联系、整体、发展的观点认识发展任务艰巨繁重、发展环境快速变化、发展中的矛盾错综复杂、发展不平衡不充分的问题，基于现实分析各种有利因素与不利因素，补充、拓展、完善中华优秀传统文化的内涵，使之实现创造性转化、创新性发展，使实现现代转型的中华文明体现符合时代发展需要的中华优秀传统文化的现实化。

坚定文化自信，要深刻理解马克思主义基本原理同中国具体实际相结合、同中华优秀传统文化相结合的内在机理，深刻认识“两个结合”改变了中华民族的前途命运。马克思主义推动中华优秀传统文化实现现代转型，中华优秀传统文化充实了马克思主义的文化生命，使中国式现代化成为中华文明更新的现代化。中华优秀传统文化经与马克思主义相结合而发生“化学反应”，形成新的文化生命体，实现了中华文明的凤凰涅槃。

回顾我们党带领人民团结奋进的百年征程可见，“两个结合”是我们取得成功的最大法宝，是推进理论创新和实践创新的科学方法。中国化时代化的马克思主义之所以行，在于我们党始终坚守马克思主义“魂脉”和中华优秀传统文化“根脉”，使同中国具体实际相结合的马克思主义扎根于中华文化沃土，在立足实践、回答时代问题的过程中不断夯实历史基础和群众基础，不断彰显生命力和创造性，从而实现了马克思主义基本原理同中华优秀传统文化在实践基础上的“双向奔赴”。持续巩固我们的文化主体性，不仅用马克思主义激活中华传统文化的优秀因子并赋予其时代新义，而且将中华民族的伟大精神和丰富智慧更深层次地注入马克思主义，聚变为新的理论优势。

秉持开放包容，推动构建人类命运共同体，共建“一带一路”，以世界视野和共赢思维为全球治理提供有益思路。践行全球文明倡议，在中国式现代化进程中创造人类文明新形态，弘扬全人类共同价值，体现了关乎人类未来的全球文明的价值重建。坚持兼容并蓄、开放包容，以新的文化使命创造构建人类命运共同体所需要的文明新形态，让文明交流互鉴成为增进各国人民友谊的桥梁，弘扬共商共建共享的全球治理理念，使国际社会深刻理解中国为世界文明发展贡献的文化力量。这项面向未来的实践创造，体现了建设中华民族现代文明的国际视野，彰显了中华文化走向世界的时代价值，因而具有世界历史意义。

以大历史观把握时代走势，在历史深处把握时代赋予的机遇，促进全球文明对话与融通，建构和而不同的文明发展格局。在创造人类文明新形态的过程中，超越西方文明中心论，在文化多样性格局中理解人类共同的命运，以合作共赢的新理念超越零和博弈的旧思维，促进世界多元文明和谐共存，通过包容互惠的文化交往实践，倡导文明交流互鉴，实现价值共识，使新的文化观念和文化实践在人类精神世界重新生发，对人们的认知方式、价值观念、生活态度、道德意识加以重新规范，这是我们面向未来应有的文化主张。

坚持守正创新，坚持马克思主义在意识形态领域的指导地位，坚守中华文化立场，不断推进马克思主义中国化时代化。马克思主义基本原理同中华优秀传统文化相结合，不仅是一种历史事实，而且是一种历史必然。正是因为植根本国、本民族历史文化沃土，马克思主义真理之树才根深叶茂。在中国式现代化进程中，要进一步推动马克思主义“魂脉”和中华优秀传统文化“根脉”有机结合，以文化主体性固本开新，推进社会主义文化强国建设，建设中华民族现代文明。

建设中华民族现代文明，在延续几千年历史文化典籍的基础上赓续文脉，以新的文化使命谱写中华文明的时代华章。中华民族现代文明思接千载，搭建起古今文化相通和文明交流互鉴的桥梁，与古为新，博采众长。我们要加强文物保护利用和文化遗产保护传承，使之薪火相传并展现恒久魅力，使典籍里的思想绽放时代精神，以“协和万邦，和衷共济，四海一家”的情怀与世界各民族优秀文化交融对话，在构建人类命运共同体的过程中创造人类文明新形态。

三、秉持建设中华民族现代文明的文化主体性

文化兴则国运兴，文化强则民族强。一个民族的文化生命是一

种有机体，充盈其中的文化精神体现了民族发展的内在价值。正如习近平总书记所指出的，“任何文化要立得住、行得远，要有引领力、凝聚力、塑造力、辐射力，就必须有自己的主体性”①。中华民族现代文明是我们在新的历史条件下的自觉创造，是实现文化发展和实践创造的文明结晶，是包括物质文明、政治文明、精神文明、社会文明、生态文明的系统化整体，是实现中华文明返本开新，超越资本主义文明的新文明形态，体现了新时代新征程的精神气象，是汇聚华夏儿女共同奋斗，实现中华民族伟大复兴的精神动力。

面对百年未有之大变局和中华民族伟大复兴战略全局加速演进并深度互动，我们要立足中华民族伟大历史实践和当代实践，深刻认识文化建设对于振奋民族精神和促进经济社会发展的重大意义。以民族精神和时代精神为底气，深入理解中华文明现代发展规律，做到古为今用、洋为中用、辩证取舍、推陈出新，弘扬平等、互鉴、对话、包容的文明观，彰显走向复兴征程上的中华民族的文化自我。以新的文化生命体化解冲突、凝聚共识，努力建设中华民族现代文明，以历史主动精神创造新的历史，以礼敬人类文明的情怀创造人类文明新形态。

中华民族现代文明是在中国式现代化进程中积淀和发展的，具有鲜明的中国风格和时代内涵。同马克思主义基本原理相结合的中华优秀传统文化夯实了中国式现代化的文明底蕴，中国式现代化的

---

① 习近平：《在文化传承发展座谈会上的讲话》，《求是》2023年第17期。

实践探索推动中华文明实现现代转型。一部中华民族现代文明史，是在中国式现代化进程中延展的，是在马克思主义基本原理同中国具体实际和中华优秀传统文化相结合的实践探索中凝结的。体现时代精神的文化发展要贯通古今、融通中外，正如鲁迅先生在《文化偏至论》中所言，“外之既不后于世界之思潮，内之仍弗失固有之血脉”。今天，我们要以新的文化使命迈向文化发展新高度，把握以中国式现代化全面推进中华民族伟大复兴的文化主线，进一步阐明中国特色社会主义文化发展规律，理解人民群众日益增长的美好生活的文化内涵，促进中国特色社会主义文化繁荣兴盛。

建设中华民族现代文明是中国式现代化的必然要求，中国式现代化蕴含的独特世界观、价值观、历史观、文明观、民主观、生态观，为建设中华民族现代文明提供了实践基础上的观念前提。今天，我们要深刻理解文化传承发展的战略意义，使之在强国复兴进程中发挥重要现实作用。秉持中华民族共同体意识，坚持自信自立，建设具有强大凝聚力和引领力的社会主义意识形态，推动中华优秀传统文化创造性转化、创新性发展，培育和践行社会主义核心价值观，打造反映中国式现代化实践特质的新概念、新论断、新表述，建构中国自主的知识体系。加强文明交流互鉴，形成兼容并蓄、博采众长的格局和气象，繁荣发展文化事业和文化产业，提高全社会文明程度，促进中华文化更好走向世界。

建设中华民族现代文明，秉持构建人类命运共同体意识，体现了特定世界历史民族在特定历史阶段承担的历史使命。新时代新征程，我们要深入学习贯彻习近平文化思想，以文化主体性创造未来，使中华文明的实体性内容再度青春化，以世界历史的新精神创造人类文明新形态。将中华民族悠久的历史文化传承与现代经济发展活力结合起来，把握中国特色社会主义文化内涵，深刻理解中国式现代化的文化逻辑，深入思考如何更好满足人民群众日益增长的美好生活的文化需要，使文化成果惠及全体人民。激活中华民族的文化创造力，在实践创造中进行文化创造，在历史进步中实现文化进步，推动社会主义文化繁荣兴盛，以新的文化使命谱写中华文明的时代华章。

参考文献

1.《马克思恩格斯选集》第 1-4 卷，北京：人民出版社，2012 年。

2.《马克思恩格斯文集》第 1-10 卷，北京：人民出版社，2009 年。

3.《马克思恩格斯全集》第 1 卷，北京：人民出版社，1956 年。

4.《马克思恩格斯全集》第 3 卷，北京：人民出版社，2002 年。

5.《马克思恩格斯全集》第 30 卷，北京：人民出版社，1995 年。

6.《马克思恩格斯全集》第 31 卷，北京：人民出版社，1998 年。

7.《马克思恩格斯全集》第 44 卷，北京：人民出版社，2001 年。

8.《马克思恩格斯全集》第46卷，北京：人民出版社，2003年。

9.《毛泽东选集》第1－4卷，北京：人民出版社，1991年。

10.《毛泽东文集》第6卷，北京：人民出版社，1999年。

11.《毛泽东文集》第8卷，北京：人民出版社，1999年。

12.《毛泽东书信选集》，北京：中央文献出版社，2003年。

13.《毛泽东著作选读》上、下册，北京：人民出版社，1986年。

14.《毛泽东传（1949—1976）》，北京：中央文献出版社，2003年。

15.《周恩来选集》下卷，北京：人民出版社，1984年。

16.《周恩来军事文选》第2卷，北京：人民出版社，1997年。

17.《邓小平文选》第1－3卷，北京：人民出版社，1994年、1994年、1993年。

18.《邓小平年谱（1975—1997）》（上），北京：中央文献出版社，2004年。

19.《江泽民文选》第2卷，北京：人民出版社，2006年。

20. 胡锦涛：《高举中国特色社会主义伟大旗帜 为夺取全面建设小康社会新胜利而奋斗》，北京：人民出版社，2007年。

21.《习近平谈治国理政》第1－4卷，北京：外文出版社，2018年、2017年、2020年、2022年。

22. 习近平：《之江新语》，杭州：浙江人民出版社，2007年。

23. 习近平：《出席第三届核安全峰会并访问欧洲四国和联合国教科文组织总部、欧盟总部时的演讲》，北京：人民出版社，

2014 年。

24.《习近平在联合国教科文组织总部发表演讲》，《人民日报》2014 年 3 月 28 日。

25. 习近平：《在文艺工作座谈会上的讲话》，北京：人民出版社，2015 年。

26.《习近平关于社会主义文化建设论述摘编》，北京：中央文献出版社，2017 年。

27. 习近平：《携手建设更加美好的世界——在中国共产党与世界政党高层对话会上的主旨讲话》，北京：人民出版社，2017 年。

28. 习近平：《在纪念马克思诞辰 200 周年大会上的讲话》，北京：人民出版社，2018 年。

29. 习近平：《弘扬“上海精神” 构建命运共同体——在上海合作组织成员国元首理事会第十八次会议上的讲话》，北京：人民出版社，2018 年。

30. 习近平：《深化文明交流互鉴 共建亚洲命运共同体》，《人民日报》2019 年 5 月 16 日。

31. 习近平：《论党的宣传思想工作》，北京：中央文献出版社，2020 年。

32. 习近平：《论坚持人民当家作主》，北京：中央文献出版社，2021 年。

33.《习近平外交演讲集》第 1、2 卷，北京：中央文献出版社，2022 年。

34.《坚持党的领导传承红色基因扎根中国大地走出一条建设中国特色世界一流大学新路》,《人民日报》2022 年 4 月 26 日。

35.《高举中国特色社会主义伟大旗帜 为全面建设社会主义现代化国家而团结奋斗——习近平同志代表第十九届中央委员会向大会作的报告摘登》,《人民日报》2022 年 10 月 17 日。

36.《习近平复信希腊学者》,《人民日报》2023 年 2 月 21 日。

37. 习近平:《携手同行现代化之路——在中国共产党与世界政党高层对话会上的主旨讲话》,《人民日报》2023 年 3 月 16 日。

38. 习近平:《在文化传承发展座谈会上的讲话》,《求是》2023 年第 17 期。

39.《建党以来重要文献选编》第 15 册,北京:中央文献出版社,2011 年。

40.《建党以来重要文献选编》第 20 册,北京:中央文献出版社,2011 年。

41.《十二大以来重要文献选编》(上),北京:人民出版社,1986 年。

42.《十八大以来重要文献选编》(上),北京:中央文献出版社,2014 年。

43.《十九大以来重要文献选编》(中),北京:中央文献出版社,2021 年。

44.《中共中央关于制定国民经济和社会发展第十四个五年规划和二〇三五年远景目标的建议》,北京:人民出版社,2020 年。

45.《中共中央关于坚持和完善中国特色社会主义制度 推进国

家治理体系和治理能力现代化若干重大问题的决定》，北京：人民出版社，2019 年。

46.《坚定文化自信秉持开放包容坚持守正创新 为全面建设社会主义现代化国家 全面推进中华民族伟大复兴提供坚强思想保证强大精神力量有利文化条件》，《人民日报》2023 年 10 月 9 日。

47.《“一带一路”国际合作高峰论坛重要文辑》，北京：人民出版社，2017 年。

48.《“推动中华文明重焕荣光”》，《人民日报》2023 年 6 月 5 日。

49. 费孝通：《孔林片思：论文化自觉》，北京：三联书店，2021 年。

50.《鲁迅全集》第 5 卷，广州：花城出版社，2021 年。

51.《章太炎全集》第 4 卷，上海：上海人民出版社，1985 年。

52.《李大钊文集》(上)，北京：人民出版社，1984 年。

53.《李大钊全集》第 2 卷，北京：人民出版社，2006 年。

54.《梁漱溟全集》第 1、2、3 卷，济南：山东人民出版社，2005 年。

55. 冯友兰：《三松堂自序》，北京：三联书店，2021 年。

56. 冯友兰：《三松堂全集》第 1、7 卷，北京：中华书局，2014 年。

57. 胡适：《南游杂忆》，长春：吉林出版集团股份有限公司，2018 年。

58. 梁漱溟：《中国文化的命运》，北京：中信出版社，2010 年。

59. 安启念主编：《马克思主义哲学中国化研究》，北京：中国人民大学出版社，2006 年。

60. 陈先达：《历史唯物主义与当代中国》，北京：中国人民大学出版社，2019 年。

61. 贺麟：《哲学与哲学史论文集》，北京：商务印书馆，1990 年。

62. 罗荣渠：《现代化新论——世界与中国的现代化进程》，北京：商务印书馆，2004 年。

63. 罗荣渠主编：《从“西化”到现代化》，北京：北京大学出版社，1990 年。

64. 臧峰宇：《马克思政治哲学引论》，北京：中国人民大学出版社，2020 年。

65. 李毅：《中国马克思主义与现代新儒学》，天津：天津教育出版社，2007 年。

66. 何中华：《马克思与孔夫子：一个历史的相遇》，北京：中国人民大学出版社，2021 年。

67. 艾四林、吴潜涛主编：《高校马克思主义理论学科发展报告（2021）》，北京：人民出版社，2023 年。

68. ［德］黑格尔：《法哲学原理》，范扬、张企泰译，北京：商务印书馆，1982 年。

69. ［法］布罗代尔：《文明史纲》，肖昶等译，桂林：广西师范大学出版社，2003 年。

70. ［印］泰戈尔：《民族主义》，刘涵译，北京：中国对外翻译出版有限公司，2014 年。

71. ［古希腊］修昔底德：《伯罗奔尼撒战争史》，谢德风译，北京：商务印书馆，1978 年。

72. ［英］汤因比、［日］池田大作：《展望二十一世纪——汤因比与池田大作对话录》，荀春生等译，北京：国际文化出版公司，1985 年。

73. 陈独秀：《本志罪案之答辩书》，《新青年》第 6 卷第 1 号，1919 年。

74. 孙冶方：《为什么要批评乡村改良主义工作》，《中国农村》1936 年第 5 期。

75. 瞿秋白：《东方文化与世界革命》，《新青年》1923 年第 1 期。

76. 吴宏亮：《试论五四时期中国优秀知识分子选择信仰马克思主义的历史必然性》，《郑州大学学报》2011 年第 4 期。

77. 冯契：《古今、中西之争与中国近代哲学革命》，《上海社会科学院学术季刊》1985 年第 1 期。

78. 赵汀阳：《美国梦·欧洲梦·中国梦》，载《跨文化对话》第 18 辑，南京：江苏人民出版社，2006 年。

79. 吴承明：《早期中国近代化过程中的外部和内部因素——兼论张謇的实业路线》，《教学与研究》1987 年第 5 期。

80. 臧峰宇、罗兰·博尔：《全面建成小康社会的观念资源与现实探索》，《当代中国价值观研究》2020 年第 1 期。

81. 何萍：《从马克思主义哲学中国化的视角看马克思主义与

儒学的关系》，《思想理论教育》2015 年第 1 期。

82. 陈先达、臧峰宇：《文化的实践转化与制度文明的时代建构》，《中央社会主义学院学报》2020 年第 4 期。

83. 李文堂：《中国共产党百年文化成就》，《中国党政干部论坛》2021 年第 10 期。

84. 吴晓明：《世界历史与中国道路的百年探索》，《中国社会科学》2021 年第 6 期。

85. 吴晓明：《世界历史与中国式现代化》，《学习与探索》2022 年第 9 期。

86. 徐伟新：《中国式现代化的文化底蕴和精神特质》，《理论导报》2023 年第 5 期。

87. 胡百精：《中华文化国际传播的战略思维与路径》，《对外传播》2022 年第 9 期。

88. 胡百精：《交往革命与人的现代化》，《新闻记者》2023 年第 1 期。

89. 方克立：《“马魂、中体、西用”：中国文化发展的现实道路》，《北京大学学报》2010 年第 4 期。

90. 从贤：《现阶段的文化运动》，《解放》第 1 卷第 23 期，1937 年。

91. 乐黛云：《美国梦・欧洲梦・中国梦》，《社会科学》2007 年第 9 期。

92. 丁立群：《人类命运共同体：唯物史观时代化的典范——当代全球化的建设性逻辑》，《哲学动态》2018 年第 6 期。

后　记

习近平总书记2023年6月2日在文化传承发展座谈会上的重要讲话中强调，在新的起点上继续推动文化繁荣、建设文化强国、建设中华民族现代文明。我在现场聆听和学习了习近平总书记的重要讲话，深感强国建设、民族复兴的强大精神动力。源远流长、博大精深的中华优秀传统文化是中华文明的智慧结晶，马克思主义哲学思想精髓同中华优秀传统文化相贯通、同人民群众日用而不觉的共同价值观念相融通，造就了一个有机统一的新的文化生命体。马克思主义哲学的真理之光激活了中华文明的现代意识，促进了中华民族在走向复兴进程中的自我理解，不断推动马克思主义基本原理同中国具体实际相结合、同中华优秀传统文化相结合，促进中华优秀传统文化的创造性转化、创新性发展。作为习近平新时代中国特色社会主义思想的文化篇，习近平文化思想明体达用、体用贯通，丰富和发展了马克思主义文化理论，彰显了中国式现代化的文明底蕴，实现了面向未来的理论和制度创新。

哲学是时代精神的精华和文明的活的灵魂。建设中华民族现代文明，要深刻把握和更好运用习近平文化思想的学理内涵与科学方法，以守正创新的勇气和锐气，在中西会通、古今交融的实践中生成具有国际水准和民族情怀的哲学理论思维，努力走出一条具有中国特色的世界一流哲学学科建设的创新之路。我从博士毕业到中国人民大学哲学院工作至今，逐渐读懂了中国人民大学哲学学科的思想年轮如何与中国式现代化进程相伴偕行，并一直以我们的大先生们为自己从事教学、科研和管理的楷模，在深入研读马克思主义哲学经典文献和基本原理的基础上，开始探究马克思主义哲学中国化时代化的学术问题。

多年来，我和同事们努力将马克思主义哲学中国化时代化研究的最新成果融入课堂，推动新时代哲学教育内涵式发展，引领学生们走进“哲学的殿堂”，仰望“哲学的星空”，更好展现哲学与其他学科交融会通的当代视域，丰盈哲学教育的想象力和创造力，努力践行哲学人才培养的辩证法，以哲学前沿思路与研究方法为学生们“传道授业解惑”，培养符合时代发展需要、具有科学理论思维的“复兴栋梁、强国先锋”。

只有走向历史的深处，才能看到更远的未来。开展立足时代、面向未来的哲学教育，要进一步做好文化传承发展。著名哲学家陈先达先生和我的哲学谈话录《从历史深处走来：马克思主义哲学谈话录》获评“2022 年度中国好书”，这本书记录了很多难忘的学习时光，是中国人民大学哲学院的大先生们教我更好地思考哲学问题、丰富教学经验、提高管理水平的一个缩影。我将传承大先生们的教诲，守正创新，与同事们一起在古典与现代、传承与创新、本来与外来、现在与未来的关系中探究哲学教育理念与实践创新，不断提高自己的理论素养和教育管理水平，以新的文化使命为促进哲学教育现代化贡献力量。本书就是我秉持这种理路，以唯物史观研究“第二个结合”的内在机理，思考中国式现代化进程中的哲学问题的初步探索。

在本书即将付梓之际，特别感谢陈先达先生、张立文先生等前辈学人对我从事马克思主义哲学同中华优秀传统文化相结合研究的鼓励和指导，也要感谢课堂上很多同学提出的问题对我形成相关研究思路的触动。本书各章节此前曾发表于《人民日报》《光明日报》《中国社会科学》《哲学研究》《教学与研究》《马克思主义理论学科研究》《中国高校社会科学》《学习时报》《解放军报》《北京日报》《中国新闻发布》《中国纪检监察报》《前线》等报刊，这里对编发上述文章的各位编辑师友致以衷心的感谢。中国人民大学出版社人文出版分社社长杨宗元编审和王琬莹编辑为本书倾注很多精力，中国人民大学哲学院博士生陈艺博核对了本书参考文献，在此一并致谢。

臧峰宇

2023 年仲秋

于中国人民大学人文楼

图书在版编目（CIP）数据

“第二个结合”与中华民族现代文明 / 臧峰宇著．北京：中国人民大学出版社，2024.6. -- ISBN 978-7-300-32654-2

Ⅰ．D61；K203

中国国家版本馆 CIP 数据核字第 2024W74P07 号

“第二个结合”与中华民族现代文明

臧峰宇　著

“Di-er Ge Jiehe” yu Zhonghua Minzu Xiandai Wenming

出版发行	中国人民大学出版社		
社　　址	北京中关村大街 31 号	**邮政编码**	100080
电　　话	010－62511242（总编室）		010－62511770（质管部）
	010－82501766（邮购部）		010－62514148（门市部）
	010－62515195（发行公司）		010－62515275（盗版举报）
网　　址	http://www.crup.com.cn		
经　　销	新华书店		
印　　刷	北京瑞禾彩色印刷有限公司		
开　　本	890 mm×1240 mm　1/32	**版　　次**	2024 年 6 月第 1 版
印　　张	8.75 插页 4	**印　　次**	2024 年 6 月第 1 次印刷
字　　数	205 000	**定　　价**	79.00 元